夢想前傳

堅持不是在原地等待，也不是默默守候。而是確定方向後，在逆流中也要湧上地，向前。

1　筆者於民國56年8月考進台大夜間部參加軍訓時穿著學生制服。

2　62.6.15 畢業於台大夜間部穿戴學士服、方帽，於校園中校長傅斯年紀念亭前與同學合影（筆者後排左一）。

3　62.6.15 畢業於台大夜間部穿戴學士服、方帽，於校園醉月湖畔合影（筆者右一）。

4 62.6.15 畢業於台大夜間部，在校門口與同學合影（筆者右二）。

5 43.7.8 應徵服補充兵役四個月全班（筆者上排左二）與連長南濟美（下排右一）及教官晁岳噌（上排右一）在新竹關東橋營房合影。

6 43.11.1 服補充兵結訓時連長南濟美（中排右四）榮升，全體內務小組長（筆者第二排右二）歡送時合影。

7　56年間北投鎮公所同仁至野柳自強活動（筆者右二）。

8　86.5.14 公賣局統計分析小組闊別33年全員於台北聚餐，呂執行秘書紹貴（前排左四）召集，成員中有的仍從事配銷工作、有的退休後經商、有的轉任銀行經理、筆者轉任公職退休（前排左一）。

9　筆者調升物價督導會報科長（後排右一）在資料室與同事楊科長忠意（後排左一）、前排左起陳瑞珍、張淑卿合影。

10 73.1.26 物價督導會報舉行聯歡會猜謎贈獎活動,筆者(右二舉捲筒紙寫謎語)及同事盧慧芳(右一)、歐陽念華(左一)。

11 73.7.26 調升科長,負責黃豆平準基金會收繳進口黃豆差價業務。

12 赴首爾前我國駐韓大使館拜會經濟參事,並攝影於館前。

13 67.7.22 奉行政院令前往韓、日、新三國考察房地產情況,經濟部指派物價會報調研組陳組長朝威(右一)與筆者當時為專員(左一)二人赴韓國攝於國立中央博物館。

14 右建築為「首爾文化會館」，左建築為「中央行政大樓」，拜會時由我國前駐韓大使經濟參事座車懸掛我國與韓國國旗，進入建設部聽取簡報。

15 69.7.22 赴韓國考察房地產情況，前端為首爾市政府，左邊道路通到頂端為光化門──韓國總統府。

16 69.8.1 亞東關係協會經濟組王組長（右二）帶陳組長（左三）、筆者（右三）至東京明治奶粉公司參觀，明治公司懸掛我國國旗歡迎。

17 69.8.4 赴新加坡考察房地產情況，先拜會我國駐新加坡代表經濟組後，筆者攝影於新加坡魚尾獅背景的海港邊。

18 70.6.7~70.7.6 赴日本研習消費者保護制度，由日本交流協會舉辦，中華民國經濟部指派六名代表參加，筆者（左一）聆聽講師（左四）授課。

19 70.6.9 參觀東京消費者申訴案件處理績效情形（筆者前排右一）。

20 內人魏紅梅（前一）於62.6.1起到新店通用電子公司上小夜班（16:30~21:30）篩檢半導體製成品情形。

21 79.4.1 筆者（右一）到日本橫濱打工時，到東京留學服飾專校的長女林麗娟租屋處探視其生活狀況。

22

23

22 49.6.11 在中山堂舉行台北市公私立中等學校四十八學年度第二學期優良學生表揚大會，接受市長黃啟瑞（第二排右十）表揚，本校開南商工職業補校校長陳有諒（第二排右六）與會，筆者（第四排右一）參加盛會。

23 55.6.26 榮獲先總統蔣中正（前排右第十位）與全省示範小組長於陽明山中興會堂前合照（筆者二排右三）。

24　62.6.15 台大夜間部畢業時全家福照片，右一起長子林濟民、長女麗娟、
　　筆者、內人、次子濟生、三子濟元攝於永和。

25　三代同堂攝於清境農場，後排右起長子林濟民、長媳鄭學慧、外孫女內田
　　麻衣、長女林麗娟、女婿內田武彥。第二排左起外孫內田亘樹、內子、筆
　　者。第一排左起孫兒政聿、孫兒俊聿。

26　三代同堂攝影於桃園寓所，左起次子林濟生、筆者、孫兒家禾、內子、次
　　媳黃鳳新、孫女佳慧。

因為
堅持
讓夢想變簡單

*P*erseverance
makes dreams more than dreams

目錄

自序
洞中微熹

光明在山的那一頭相迎，
黑洞將我吐回給白晝。

　　進入古稀之年，才嘗試撰寫個人傳記，全因內子無意間拿了一疊撕下的日曆紙給我，「背面可以用來打草稿」她說。從此默默練習寫作，反覆的在日曆紙上寫著，將每一張紙刻的凹凸不平，背面的圖案從櫻花變成了梅花，書寫竟成了我的習慣，更是精神的來源。有時寫些時事心得感想，或是紀錄自然美景帶來的感動，同時也溯往埋藏在記憶底的人事物，越寫越有興趣，最後竟然磨練出四次個人傳記付梓的經驗。這才領悟「活到老，學到老」這句諺語的真諦。

　　而人的一生有三件事不能等。一是貧窮，因為時間一旦久了，將會變得習慣貧窮，到時不但無法突破自我，甚至會抹煞自己的夢想，而庸庸碌碌的過一輩子。二是夢想不能等，人生在不同的階段，會有不同的歷練和想法，如果 20 歲的跑車夢想，60 歲才得以

實現，恐怕也變得難以享受了。第三是家人不能等，或許我們自以為年輕，還有時間可以摸索、打拼，但是家人不一定有時間能等待我們成功。

曾經在《經濟日報》看到一文章，「別人的事，小心的說；自己的事，聽聽自己的心怎麼說；現在的事，做了再說；未來的事，未來再說」。因此人的上半生要不猶豫，下半生要不後悔。活在當下，把握住每次稍縱即逝的機會，為自己的生命找到出路。

早年家中貧困，到處打工才得以溫飽，令我明白機會要自己的雙手創造。退伍復職時，因職務代理人拒絕交接而黯然失業，同時，當時的女友因見我家境窘困而拒絕繼續交往，接二連三的打擊下，都沒有澆熄我奮發向上的熱情。後來獲得酒廠的工作，且又考入台灣大學夜間部法律系，便用半工半讀的方式完成學業。畢業後轉往經濟部任職，改善了家中的經濟環境。儘管經歷許多「失敗」，但並不因此感到害怕，心就像人間一株不起眼的小草，我願接受各種磨難而茁壯，今日得以扎根沐浴於暖陽之中。

從最基層的鄉鎮芝麻綠豆官——里幹事做起，一路做到中央部會的經濟部所屬物價督導會報薦派組

員、專員、科長……，這全是因為我始終相信，有志者事竟成，堅持也讓夢想變簡單。

盼望我一生的經歷，能展現奮發向上的力量。土壤裡的每一顆種子，總是要吸收足夠的養分之後，才能破土而出，每一次的發芽都是得來不易，正如人只要願意堅定意志力，去突破逆境，終能悠然自得於生活中。君子終日乾乾，方能善用得來不易的機會，珍惜豐富的社會資源，認真學習，必能扭轉乾坤，實現自己的理想，讓每一刻的綻放都是春天。

林存財　於桃園寓所

那個破土而出的男人

　　我的父母親出生在經濟大蕭條的 30 年代，家境貧困，父親 14 歲時祖父因病過世，生活更加困難，上學的衣服和鞋子是從垃圾堆裡找到的，不合腳但尚能使用，沒錢搭公車，兩隻腳是交通工具；午餐是祖母在醫院打工時病患吃剩的便當。

　　如此困頓的環境下父親依然堅持著讀書，結婚生子後仍半工半讀，學費是母親的結婚戒指，和家庭代工的所得；考上了台大法律系、通過特考、進入經濟部，認真工作，一路升遷，改善了家庭經濟，提高生活品質。

　　我依循著父親的模式，結婚生子後才進入東西大學繼續讀書，在上司熱心的協助下以及最頂尖的指導教授指導中，完成EMBA碩士學位、晉萊斯頓大學企管博士學位，將所學運用在工作上，提高產能、倍增績效，獲得晉升的機會。

　　有聞學歷無用論，但我們都知道關鍵知識會成為力量。父親雖沒直接告訴我，但以一生的經歷訴說：讀書是遠離貧窮最好的方法。父親今年81歲仍在學習中。

林濟生（作者之次子）　於木柵舊宅庭院

Chapter 1

其路伊始險峻

嬰兒的啼哭聲和
結草繩機的聲音參雜在一起，
讓母親既焦急又難過，
卻又無法停下手邊工作
照顧趴在她背上的寶貝。

睜開眼看見貧窮

　　草繩工廠裡頭傳來一片吱吱嘎嘎聲，女工們包括酒廠員工眷屬和我的母親在內，低頭忙著編織草繩、轉動機器，即使是日本統治時代民國二十二年的夏季，台北的天氣也十分炎熱，更遑論置身於無空氣流動的鐵皮屋裡。女工們不分年齡，有的皺紋已經占據了臉龐，有的即使年輕、雙手卻布滿了工作留下的滄桑，大家共同留下為打拼的汗水，用光陰和生命兌換生活的持續。

　　母親將剛出生不久的我，用長條揹巾揹在背上，雙腳踩著踏板轉動草繩機，雙手將乾稻草一束一束的插進結草繩的漏斗型入口處。她目不轉睛的注意著結出來的草繩大小、粗細是否均勻，完全顧不得背上的我早已餓得呱呱大

35歲起拼命打工編織草繩的母親余米

哭。嬰兒的啼哭聲和結草繩機的聲音參雜在一起，讓母親既焦急又難過，卻又無法停下手邊工作來照顧我。

直到一捆草繩終於完成時，母親才得以停下手，解下背上的孩子哺乳片刻。看到被滿臉淚水和母親汗水弄得一身溼的孩子，狼吞虎嚥的吮乳著母奶，母親流露出滿滿的不捨，但一見我吃飽了，就立刻將我揹回背上，轉身開始繼續編草繩。

　　雖然編織一捆草繩才區區兩角錢工錢，母親從早到晚工作下來，最多只能做六捆草繩，換得一元兩角的工資。這些工資微薄到只能買得起兩斤青菜，但至少能讓一家人免於挨餓。

　　每天傍晚，母親總會拿著剛向工頭領到的錢，在附近菜攤匆匆買幾樣菜，就趕回宿舍，和父親一起燒飯、煮菜，填飽一家六口的肚子。由於父親擔任當時台北酒廠的木工，薪資實在太過微薄。即使當時一斤米只需要一角五分錢就能買到，但父親的薪水只有六十五元，僅僅只夠買四十三斤米，以我們一家平均每天吃兩斤米計算，還不夠十幾斤米，根本不足以填飽一家人的肚皮。

　　就算加上母親整日拚命的編織草繩，依然無法維持一家人的生計。幸好，當時還在老家務農的伯叔父們，

不時送來一些白米、醬菜、蔬菜等，一些看似平淡的家庭小菜，卻組成最溫暖人心的感恩盛筵。

那時的父親已經三十八歲了，剛到台北才短短一年，經友人介紹來到台北酒廠當木工。只會耕田務農，識字不多，日語又不流利的他，在這個日本人統治的專賣局裡，並沒有獲得太大成就。雖然酒廠有木造宿舍可住，省去

38歲起棄農從工的
父親林木仔

不少租金，但在都市裡，所有的民生必需品都必須用錢購買，父親的薪水根本不足以維持家中生計。他當初攜家帶眷，毅然離開家鄉，想要在都市裡闖一番事業的宏願，顯然是無法達成。六口之家的生活壓力，讓他喘不過氣來，意志消沉了好久。

幾年過去了，家中的生活依然困窘，絲毫沒有改善，一家人總是在三餐溫飽間掙扎。母親日復一日的不斷打工，為了補貼家計，加上當時的社會風氣相當重男輕女，於是將小我兩歲的妹妹（柯淑女）送人收養，另外收養了一位大我兩歲的養姊（林翁菜）做三兄的童養

媳。她雖然只大我兩歲，卻得幫忙母親處理家中大小事情，甚至替母親送茶水到草繩工廠，小小年紀就成為家中不可或缺的好幫手。

但對當時的父親來說，最重要的事情莫過於改善家中的經濟，於是接受母親的養兄王志賢的建議，在民國二十八年辭去台北酒廠做了七年的木工工作，轉至母舅在南港經營的煤礦場，擔任採煤工人，每月工資為一百五十元。當時從朱崙國小畢業的兩位兄長林有義與林有通，也分別到煤礦場和石綿瓦浪板工廠擔任工人，月領二十五元。母親則在母舅的資金挹注下，租下南港一間店舖兼住家，做起百貨商店的生意。至此，家中的生活才漸漸改善。

不要拿自己和別人比較，也不必為不足表現誇張的遺憾，因為那會顯示出自卑，一種令人不喜與之為伍的樣子。

二兄不見了

　　四年級的三兄有亮、二年級的姊姊翁菜，由台北朱崙國小轉學至南港國小，我也於次年進入南港國小就讀。在父母兄長的齊心合力之下，終於過了四年多的平穩生活。當我以為生活會這樣，逐漸越來越好時，卻又面臨一連串的嚴酷考驗。

　　起初，是母親的百貨店出現問題，由於百貨店的生意大不如前，在不堪長期虧損的情況下，無法繼續經營下去，只能關門大吉。而我們並不知道，更大的打擊緊接在後，已經張開森然的大嘴露出利齒，朝著我們的背後虎視眈眈。那樣的痛幾乎讓一家人無法承受。

　　早年台灣資訊並不發達，大多數人都不知道石綿瓦浪板這種纖維狀礦物，雖然耐高溫、耐酸鹼又不導電，是一種廣泛用於消防、保溫、電氣絕緣、隔音等地方的好材料，但缺點就是，石綿的灰塵對人體健康危害極大。

二兄林有通（右一站立者）小學畢業就業位於南港的國產石棉瓦
公司（國產スレート株式會社）當倉庫工人時所攝，斯年15歲

　　以致於自國小畢業後即在石綿瓦工廠擔任工友的二
兄有通，在不知情的情況下，吸入了過多的石綿灰塵，
才短短四年多就罹患肺癌過世，大好的青春年華就此畫
下句點，得年僅十九歲。我猶如遭受雷擊，心中的一塊
塌陷了，不明白會用暖暖的手牽著我的二兄，怎麼生命
這麼輕易地就從世間被抹去？

　　當時是民國三十二年，也美軍密集空襲、轟炸台灣
的時期，一家人在商量之後，決定離開傷心地，在同年

八月搬到樹林後街王土龍碾米廠後棟租屋。父親也辭去礦工工作，重新進入同屬專賣局的樹林酒廠，恢復木工的生涯。

　　既然一家人搬到樹林定居，父親原本打算讓我轉學到樹林國小就讀，但當時的校長是一位日本人，對我們的態度很不友善，百般刁難，甚至要求我們必須自備課桌椅才能轉學。儘管當時母舅王志賢在當地經營煤礦事業，又是樹林國小家長會長，只要請他出馬，向校長打個招呼就可以順利轉學了。但是父親依然堅持不肯運用這層關係，寧可讓我轉學到鄰近的板橋沙崙國小就讀。雖然沙崙國小的校長也是日本人，卻毫不遲疑的立刻答應了我的轉學申請，讓我順利成為沙崙國小的學生。

謙虛讓人有更多的可能遇見機會，有更開闊的胸襟看世界，
能用樂觀的心情去學習。

當空襲警報與上課鐘響起

在我進入南港國小就讀的次年，由於日本偷襲美軍在夏威夷珍珠港的軍艦，導致美軍傷亡慘重，使美國加入戰局與日本宣戰，太平洋戰爭因此爆發。戰爭初期，日本田中首相野心勃勃的誇下海口，要「三個月奪取中國」，亦即在短短三個月之內，就要讓中國對日本稱臣。而台灣當時還在日本人的統治之下，自然逃不過美軍的報復行動。

台灣各地的日本軍事設施，陸續遭到美軍攻擊。一聽到從喇叭傳來刺耳的空襲警報，所有人就倉皇的擠進防空洞避難，一段戰戰兢兢的歲月，台灣人民的肉體與生命隨時暴露在炸彈的威脅之下。

我轉學到板橋沙崙國小就讀那幾年，每天必須像農夫一樣攜帶鋤頭，課本用方布巾捆綁於腰間，打著赤腳步行到學校。當時大多數的學生都和我一樣，根本無法專心於課業上。下課時，我們所有的學生不是忙著拿鋤

頭種菜，就是收集廢鐵、空瓶、空罐等資源回收物，來當作日本軍人的戰備材料。

甚至當時的前線軍車，為了避免輪胎內胎被子彈打中後無法行駛，所以捨棄內胎，整個輪胎都由橡膠製成，這樣即使被子彈打中或是有些許破洞，車輛依然能繼續前進❶。

而父親工作的樹林酒廠當然也逃不過戰火的洗禮。由於酒廠的煙囪太高，時常被美軍當成空襲目標，不僅部分廠房被炸毀，煙囪旁邊更是被炸得面目全非，到處都是炸彈造成的坑洞。

美軍的藍色戰鬥機經常攻擊鐵路、橋梁等交通設施，但不是每次都能成功，有時也會被駐防的日軍以五〇機槍擊落。我曾經在下課時和同學好奇的前往大漢溪河畔，觀看日本憲兵在墜機現場忙碌指揮、拖吊已經墜毀的美軍戰鬥機。只見美軍機師一身白色軍服，肩膀斜

---

❶ 現在機動車輛的高速胎，也是以此創意製成耐磨、耐用能高速行駛的輪胎，大概只剩下慢速行駛的腳踏車，還保留有內胎的設計了。

　　掛著子彈皮夾，滿臉是血的靠著駕駛座窗戶上，似乎早已氣絕多時。那驚心動魄的畫面，我至今還記憶猶新。

　　在民國三十一年那個戰亂時期裡，家家戶戶都過著物資奇缺的日子。由於日治時期民生物資控管甚嚴，不僅實施米油鹽糖配給制度，還禁止黑市交易❷。傳統市場雖有雞鴨魚肉供應，但一般的勞工家庭其實消費不起。逼得附近許多家庭主婦必須和丈夫一起提著菜籃或提袋，千里迢迢的坐火車到比較鄉下的中壢、楊梅等產地一帶，去購買地瓜、地瓜簽、雞鴨魚肉、魚干、筍乾、吻仔魚、金針、蘿蔔乾等家常菜餚，好填飽一家大小的肚皮。

　　當時的地下經濟非常猖獗，即使日本警察每天在火車站或擁擠的火車上，嚴格的取締「非法暗中交易」，一旦查獲大袋子或大籃貨物就會帶回派出所充公。還是有人甘冒風險，每天坐火車去各地大量收購這些平常的

---

❷ 日本人稱：闇取引ゃみとりひき，係闇與取引的複合名詞。闇，指黑暗、黑市、走私。取引，指交易。

食物，帶回來轉賣給其他人。因此，那時的火車上不時可以看見偷偷摸摸帶著大宗貨物，或是將貨物化整為零的人，在躲避日本警察的畫面。火車一到站之後，那些人就會立刻下車，提著手上的提袋，四處逃竄，以免被日本警察抓到。

　　母親為了家中生計，自己跑到農村購買活雞回來宰殺，在樹林後街的家中，賣起白斬雞、下水湯等生意。雖然在家裡宰殺雞隻並不違法，但是也要小心翼翼的暗中販賣，以免被日本警察盯上。母親還會將剩餘的雞油拿來炒菜，煮雞肉的湯則用來做為菜湯，以供我們全家食用。空閒時，母親還會到住家對面的余家草蓆店去幫忙編草蓆，賺取些許工資貼補家用。因為那位余老闆是母親娘家親戚，所以都稱母親為阿米姑。

　　母親常說：「作人都愛摒ㄅㄧㄥˋ（台語諧音，翻身、時來運轉），作雞都愛慶ㄑㄧㄥˋ（台語諧音，以雞爪挖土壤覓食）。」這不僅是母親的人生觀，也深深影響了我，她厚實無華的言語已成為我的堅盾。

　　小小年紀的我，工作則是在大漢溪畔、竹林、樹叢

下撿拾掉落的枯木、樹枝、竹枝等，邊撿邊折成一小節，捆成一捆，收集好多捆之後，扛回家當柴燒。有時也會到樹林火車站等運煤炭貨物火車卸煤炭，趁機將掉落在鐵軌間的煤炭屑，用畚箕撿拾回來，放在大灶鍋最下層放煤炭空位，先澆水使燒煤時間延長，除燒飯炒菜，同時尚可燒洗澡水，保溫至全家的人都洗完為止❸。

　　暗夜裡，對著夜光坐在蓆子上，突然怨嘆上天為何如此折磨人，總是變著戲法施予苦難，多麼希望可以穿著新衣服、踏著嶄新的白布鞋，在村裡的泥路上奔跑，或是一家人可以圍著一桌好魚、好肉露出開懷的笑容。我允許自己失落一會兒，然後必須收拾心情。腦海裡浮現父親堅忍的背影，想起母親勤勞的雙手，知道這是名為「逆境」的考驗，用「小逆之後，必有小順；大逆之後，必有大順」鼓勵自己，於是我仍在風雨之中前行，秉持著信念而不願倒下。

---

❸ 現代廚房所使用的天然瓦斯，操作方便，也是從桶裝的液化石油氣開始，演變到現在高樓大廈的自來天然瓦斯，都不須使用木材燒飯。

Chapter *2*

無畏逆風奔跑

那是從宿舍附近的垃圾桶
拾來的布鞋。
雖然尺寸不合，
但只要塞些布條就能勉強穿著。

從日文改學中文

　　一九四五年八月六日及九月二日，美軍在日本廣島、長崎投擲原子彈後，日本死傷慘重。民國三十四年十月二十五日，日本天皇宣布無條件投降，正式結束第二次世界大戰。台灣從此時起，脫離日本政府的統治，改由國民政府接管。

　　那一年在沙崙國小，我已經是個即將畢業的國小六年級學生，學校教材卻忽然從日語あいうえお，改成國語注音符號ㄅㄆㄇㄈ，難免有些不適應。更有同學完全無法接受這樣的轉變，家住得近一點的，或許還願意偶而來學校上課；住得遠的，例如住在板橋浮州里的同學，就根本不想來上學了。由於當時溪州橋還未興建，他們上學還得經過大漢溪，涉水走四公里的路，才能到學校上課，卻只能聽些根本聽不懂的課，也難怪他們不想來。

　　日本人校長隨著戰爭結束已經被召回日本，學校來

了一位縣政府任命的王祖發校長，為了讓我們這群即將畢業的孩子，能有機會繼續升學，於是開始挨家挨戶的去學生家裡勸說家長，「讓孩子到校上課吧！」。王校長甚至親自授課，教導我們如何念誦與習寫注音符號。同時，交給我一個任務，讓我去號召全班同學，帶頭朗誦，鼓勵大家跟著念。漸漸的，大家覺得注音符號並不難學，口耳相傳之下，回來上課的人數越來越多，大家的國語程度也越來越好。

雖然全班大約五十個人，但農業社會讀書風氣並不盛行，大多數同學都沒有繼續念書的打算，有升學意願的不到十人。不過班上同學很爭氣，有人考進台北師範學校，有人考進樹林初中，而我，與一位王同學則考進省立台北工職❶。

在湍流中我撞上礁石，偶爾又被推向淺灘，甚至被青苔沾了一身腥膩，但我從不曾放棄努力，途中不斷地自我淬鍊磨厲，為將來的破繭而出準備。

---

❶ 台北工專前身，現已升格為台北科技大學。

上學長征兩萬五千里

　　我之所以會選擇省立台北工職化學科報考，是因為父親曾經在台北市八德路台北酒廠工作，全家人居住的那個木造宿舍，就在距離酒廠五百公尺的斜對面，同一條路往前走過新生北路，就是省立台北工業職校的所在地。從小我就知道這間學校設有機械、電機、化學、土木、建築及採礦等六科，各科都有頗具規模的實習工廠，是造就許多工業人才的搖籃。國小六年級時，參加學校集體報名並取得准考證，父親還特地在考試期間陪我應考。

　　考試放榜當天，父親和母親得知我被錄取的當下，簡直欣喜若狂，立刻幫我準備入學事宜。

　　但當時家境並不寬裕，即使省立台北工職是所公立學校，所繳交的學雜費、課本費遠比私立學校便宜，我們還是沒有錢購買現成的學生服和書包。

　　母親臨時找出一疋較精緻的淺灰色粗布，請大兄

嫂剪裁，並以手工縫製了上衣、外褲和書包，身上穿著母親的一針一線，可是只此一家，別無分店呢！由於那布料質地比麵粉袋纖維還要粗，又相當厚重，冬天穿起來還挺有禦寒的功效，不過夏天就顯得燠熱難耐了。因為只有一套衣褲，必須等到星期日才

作者17歲初工畢業照片，身著母親縫製的制服上衣

能有機會換下來清洗，幾年下來灰色逐漸洗成白色。

學校沿襲日據時期學校傳統，規定學生必須統一佩戴黑色的大盤帽，則由三兄到萬華老松國小對面的舊衣市場買回來。雖然戴上去稍嫌寬大，但只要塞上布條，走路時多注意一點，小心扶正因為晃動而掉落的帽子，看起來倒也挺適合的。況且等身子抽高了，也能繼續使用，也是一椿美事！帽邊繡上三條藍色伸縮帶作圍繞，再別上學校發給的校徽❷，開始了我的初工生涯。

每天貪黑早起，從樹林坐火車到台北車站，再步行

----

❷ 校徽圖示 🔷，表示北工之意。

約二十分鐘到台北工職上課。儘管跟著學校向台北車站購買火車票，已經以較低價格購得定期票，但是家中卻再也擠不出多餘的錢可以購買市內的公車票了。我將每日到達學校之前步行，當作是沉澱心情的旅途，久而久之，走路變成了一種習慣。在每一次跨步中，感受泥土的觸感，當微風拂來便是世界所給予的禮物，視線中的景象以緩慢地速度移動，留給我更多的細節去記憶。

　　然而在台北工職就讀初工的日子裡，功課並不理想，最主要的原因是我當時還不太會說國語。化學科的專門術語本來就不易懂，加上專門科目的授課老師又多，口音南腔北調的，根本連聽懂都有困難，就算有疑問想要請教老師，也不知道從何問起。作文課更是一大考驗，對於從來沒用過參考書和字典等工具書的我，看見題目往往不知該如何下筆，只好像寫週記一樣草草寫了數行，就勉強交卷了事，心中感到既尷尬又難過。由於學習國語文的時間短暫，對於功課一直處於一知半解的狀況，一到學期考試只能抱著記多少寫多少的想法，成績名次總排在班上的末端，心中的挫敗感像關不住的

猛獸朝我狂吠，我只能用意志力和無力感比拚。

民國三十六年二月二十七日，「ㄅㄧㄤˋ」，查緝私菸員讓尖銳的槍響震動了整個台灣。

二二八事件爆發當時，我還在就讀初工一年級下學期。當天下午學校突然無預警的宣布提早放學，我步出校門，沿著八德路走到台北車站，正打算要坐火車回樹林時，看見沿途都有暴民搶奪商店、燒毀車輛。車站前面的廣場上，更是布滿車頂架著機關槍的警車，警察人員層層戒備。火車站裡的狀況也很混亂，一列原本要開往台南的火車，上面甚至有暴民正在毆打外省籍及客家籍的乘客。

我走到火車頭，詢問司機幾時能開車，卻得到這樣的回答：「秩序太過紊亂，火車沒辦法開動。」

無奈之下，只好繼續步行到萬華，和三兄有亮會合後，一起沿著火車軌道走回樹林。回到家時，夜幕早已低垂。

父親再見

天塌了一半，那個為了妻子與孩子，傾盡一生和生活鬥了一輩子的男人，倒了。

我們全家從南港搬遷到樹林時，值民國三十二年八月，在碾米廠附近租了一處住所，居住了兩年六個月的時間，直至父親終於分配到樹林酒廠旁邊、樹酒新村的職工宿舍。父親帶著母親、姊、弟及我，五人住進宿舍。於碾米廠附近的租屋處則留給大兄及大嫂、三兄經營電器行修理收音機生意。不料住進宿舍僅一年多，父親就因為從事木工十年及採煤礦五年，經年累月的粗重工作，導致身體再也無法負荷，於民國三十六年七月二十四日逝世。

無喘息的辛勞承載不住歲月。還想唸著會放下工作，陪伴我去應考的父親，他就解了自己的一葉扁舟，從此漂向遠方。

家中經濟支柱一倒下，隨之而來的是家庭經濟頓時

陷入更窘迫的處境。

　　父親過世兩個月左右，酒廠總務課就催促母親搬離宿舍，全家人只好趕緊另覓落腳處。原本母親打算搬回樹林後街和兩位兄長同住，但由於長兄和三兄所開的電器行生意清淡，早已搬離樹林，到台北萬華廣州街開電器行。於是母親改向碾米廠租用前棟三合院右廂房，即樹林鎮前街十九號約十坪二房一廳居住。那房子距離樹林火車站很近，方便我到台北上學。

　　母親每天早上五點起床，用大灶鍋煮飯，先從煮熟的稀飯中，用篩子挑出乾飯，盛入我的便當盒，剩下來的稀飯，則拿來配醬菜作為全家人的早餐。便當的配菜也相當簡單，炒些蘿蔔乾，再加上蛋就成了菜脯蛋，就是營養又美味的菜餚了。

　　提著母親幫我做好的熱騰騰便當盒，踩著我唯一的一雙鞋子，趕搭六點的火車準備去學校上學。

　　一路上鞋底和鞋身摩擦，發出「喀嚓、喀嚓」的聲響。那是從宿舍附近的垃圾桶撿拾的布鞋。雖然尺寸不合，但只要塞些布條就能勉強穿著，走起路來腳與鞋子

間的空隙太大，有時還會磨出水泡或磨破腳皮。

　　當時台灣光復未久，許多人都和我一樣，每天要搭火車到台北上學。但當年搭火車可不像現在這樣舒適、方便，要是想要順利搭上火車，有時得像百米賽跑一樣追趕已經進站的火車，有時又得使出渾身解數，從車窗爬進擁擠的車廂，或是雙手緊抓車門把手身子在外，掛在門上。再不然就是像表演特技般，雙腳踩在兩車廂間的連接處。更有人直接跑到火車頭後面的煤炭車上，坐在煤炭上，等到站時，早已被冒著黑煙的火車頭，給燻得滿臉黑漆漆的，成了名符其實的大黑炭。而這些驚險的場面，幾乎是當年，尤其是男學生們，人人都曾經歷過的事情。

　　我當然也不例外，不過有時我比較其他男學生幸運一點。因為我有一個同年齡的好鄰居高銘輝，他就讀成功中學初中二年級，而我是初工二年級，我除了時常受他邀請，到他家書房共同讀書，還經常和他搭同一班火車，有時他跑在前面先上火車，我還在後面追火車，他就伸手拉我一把，讓我有機會攀上車門邊扶手，順利跳

上火車。每天的生活，像燦爛的冒險，我如故事裡的英雄，儘管有驚有險，卻都安全的突破關卡。。

為了扛起一家生計，母親也在此時決定外出工作，經友人介紹到台大醫院當病患看護工。母親要我每天中午下課後，從八德路台北工職走到台大醫院與她共同吃午餐，順便帶回一些剩餘飯菜做晚餐後，再讓我走路趕回八德路上一點半的課，來回路程大約三十分鐘。

儘管已經努力省下每一分錢，用最精打細算的方式解決下一餐，但是仍有幾次差點繳不出學費來，幸好學校主任見我用功，願意多給我一些時間緩一緩。偶爾竄上一些不知名的自卑，就想起去世的父親因做木工布滿厚厚一層繭的雙手、早起出發去礦坑的背影，以及他對我的期望。

「阿財啊，今天學校怎麼樣？」父親在記憶裡對我這麼說。

絕不想認輸，因為依然想讓他驕傲。

在極度艱困的環境中，我好不容易完成了學業，於民國三十八年六月從初工畢業。

最美的浣衣人

因為家中經濟狀況並不好，初工畢業後無法再念高職，於是聽從母親建議，先去打工。

我分別到北投玉蘭亭餐廳當服務生、工礦公司北投窯業工廠當化驗工、台北國際戲院販賣部當店員、台北明安當鋪做記帳工作等，陸陸續續做了一年有餘。之後原玉蘭亭餐廳合夥人吳春和先生，在士林剛成立的商業團體「陽明山管理局商會」（現已改隸台北市商業會）當總幹事，託人轉告我尚有幹事缺額，叫我馬上前往報到，就這樣我進入商會工作，做了兩年多。

直到民國四十二年一月，經商會理事長許木介紹，到其胞兄在新北投的嘉賓閣旅社，擔任帳房的工作，這份工作雖然薪水較高又供吃住，但因值勤時間太晚，工作時間又太長，在四十二年底決定離職回到樹林。

此時樹林保安宮前的營房剛好住進一個連隊，正在徵詢附近的人家，看看有沒有願意承包洗軍服的業務。

平常閒暇時就在幫人洗衣服的母親，見機立刻找一位鄰居搭檔，將業務承包下來，要剛辭職回家的我幫忙曬衣、摺衣、送衣。

雖然只需洗一個月的衣服，工資也只有兩百元，但由於當時一元就能買一斤多的米，對家計不無小補。

每天晚上我會到軍營去收軍人們的內衣褲和軍常服，白天時母親與鄰居阿姨會到博愛街水圳邊的階梯，利用湍流的水圳洗衣服，而溪邊的竹林綁上麻繩就是天然的曬衣場。會游泳的我，負責將被沖走的衣服撿回來，不然會被扣工資，還要時時注意不能讓曬衣場上的衣服被風吹落，否則又得重新洗過。

到了傍晚五點左右，就要趕緊將洗好的衣服折疊後，分班別整理好，再由我用竹籠將衣物送到營房發放，同時收取明天要洗的髒衣服。因為母親衣服洗得很乾淨，折疊得也很整齊，跟燙過的沒兩樣，士兵們紛紛反應穿起來很舒適，部隊長還為此親自到家中向母親道謝。一個月期滿，部隊離開之前，部隊長特地找我握手道別，表示感謝。

　　之後經三兄的友人輾轉介紹，我到新竹的一家餐廳工作，月薪為三百元，工作內容為服務生兼打掃、洗碗盤、外燴端菜等，每天都得工作到深夜才能就寢。

　　記得有一次洗碗盤時，因為將盤子疊得太高，一不小心就摔碎了二、三十個盤子。我不敢隱瞞，老老實實的跟老闆認錯，老闆也沒罵我，只說從薪水裡扣就好。但是到了月底，我卻發現薪水袋裡還是三百元，一塊錢也沒少。

　　我忍不住問老闆，「為什麼沒扣我薪水呢？」

　　老闆才說，因為我平常認真工作，偶爾不小心打破碗，不用賠了。

　　老闆的貼心舉動，讓我喜出望外，因為可以將薪水如數匯給母親，眼淚差點奪眶而出，趕緊向老闆致謝。

　　同年五月，老闆承包新竹空軍新生社外燴二十桌，命我跟著師傅去辦外燴，要我負責將師傅做好的料理端到客人面前。當天的禮堂通道相當寬敞，我順利的完成了上菜和收拾碗盤的工作。

　　回到餐廳，師傅還向老闆稱讚道：「動作敏捷，一

點小錯也沒犯，客人都很滿意。」老闆當場升我為領班，還將我的月薪調為三百五十元。我十分感激老闆莊先生的提拔與照顧，但由於我在七月份接到補充兵訓練的通知單，不得已離開服務了六個月的新竹餐廳，到新竹關東橋去服四個月的兵役。

洗衣服、端盤子，也許在旁人看來不是多難的事情，但我仍然兢兢業業以對，甚至在其中找到樂趣。辛苦工作得到他人的肯定時，我便感覺到自己的存在。當我數著薪水，點著一張張印有國父人像的紅鈔票，它們的價值已經遠遠大於金錢，而是對家庭的羈絆、對母親的心疼，以及努力的回報。

突然回想起課本中的文章「天將降大任於斯人也，必先苦其心志，勞其筋骨」，這必然有它的道理。若是以為苦難就只是苦難，那生活定然會苦不堪言，幸而我將之視為機會，站在崎嶇險峻的道路上，用雙手搬開礫石，拿斧頭劈開前方的荊棘，並且堅守本分、一如既往地前進。

Chapter 3

斯年有夢有志

軍中薪餉只有十五元，
雖然一包軍菸不到一元，
一週抽一包，一個月也會花到四元，
為了省錢貼補家用，
於是我不領軍菸，口袋也不裝錢，
看見人抽煙，就離得遠遠的。

我抽菸，你吃牛肉麵

　　我應徵入伍從軍時已經二十二歲，才開始立志與貧窮奮戰。其實最好的立定志向時期多在青少年十二歲至十六歲之間，此時對將來充滿希望與熱忱，例如明初畫家王晃，少年時家貧以牧牛維生，而立志要畫好竹石、梅花、荷花以出人頭地；又如清末知識分子林覺民，十五歲時倡言「中國非革命無以自強」，為辛亥革命犧牲奉獻。而我將讀書和學藝作為跨越貧窮的途徑❶，並且努力建構堅強的意志力，以隨時把握機會，向眾人展示自己。

　　入伍之後，我很快就被選為內務小組長，及野外戰鬥訓練時充當教官之台語翻譯。

　　因為當時國語推行時間還不長，台灣各地徵召入營的青年，大多聽不懂軍隊將官們南腔北調的國語，所以

❶ 請見附錄一，脫離貧窮最好的方法——讀書與學藝。

需要熟諳國台語的人擔任翻譯，以提升訓練效果及軍隊士氣。

　　但新竹當地著名的九降風，卻讓我吃足苦頭。每次訓練時，特別是投擲手榴彈的課程，我都得大聲喊叫，鉅細靡遺的不斷說明，直到所有的人都清楚指令，才能停止翻譯。往往一場訓練課程翻譯下來，我的喉嚨幾乎都沙啞到發不出聲音。但是回到營房之後卻倍感榮幸和滿足。

43.7.8 作者（前排左一）於新竹關東橋營房前與班上同袍合影

　　我在入伍前，偶爾有抽菸的習慣。但是入了軍營後，身為二等兵的我，薪餉只有十五元，雖然一包軍菸不到一元，一週抽一包，一個月也會花到四元左右，這樣一來薪水就更少了。我一方面知道抽菸是不好的習慣，不但害人也害己，另一方面為了省點錢給母親貼補家用，因此下定決心要戒菸。

　　於是我不領軍菸，口袋也不裝錢，看見人抽煙，就離得遠遠的。

　　甚至還跟同袍說：「如果看到我抽煙，就罰我一碗牛肉麵！」就這樣，短短一週，我就戒菸成功，之後再也沒抽過菸了。

　　部隊中的伙食是由補充兵輪流擔任採買工作，輪到我至新竹市場採買時，由於之前在新竹餐廳工作過，菜市場裡的人大多都認識我，對我格外親切、禮遇，因此我買回部隊的各種蔬菜、魚、肉，其質和量比平常來得好。中午一開飯，連長及部隊長官看見菜色都很驚訝，立刻報請營部參觀指導，營部再呈報團本部評鑑，結果獲選全團伙食示範連。我也因為此事當選全團榮譽團結

委員會委員。

　　我還主動向長官請示，將營裡的豆漿用手工製作豆漿取代。原本部隊裡早餐喝的豆漿，是向豆漿店購買原汁加熱稀釋，但是喝起來味道十分清淡，喝不出豆漿的原味。

43.10.1 擔任伙食採買，獲選「伙食示範連」而當選全團榮團會委員之證書

我靈機一動，心想若由自己動手製作，豈不是既健康又能兼顧好味道！

　　經過長官同意之後，由我採買時順便購買石磨，再由同袍每天輪流派公差兩人，一人以長柄勺子注入黃豆及水，另一人雙手握住三角形木桿用力推動石磨，一起研磨豆漿，磨好後請廚房煮給官兵喝。沒想到，供應自行研磨豆漿的首日，官兵喝了原汁、原味，極濃又香的豆漿，個個笑逐眼開，連長還特地過來拍拍我的肩，向我豎起大姆指。自此，全團各連都競相自行研磨豆漿，一時在軍中傳為美談。受訓四個月結束時，還獲得台北

師管區司令部評定個人總
成績特優獎狀表揚。

別人都說當兵是入伍
受難，我卻覺得此時日子
充實美滿。當然物質生活
絕對說不上寬裕，但是可
愛之處在於我將各種考驗

43.11.2 受訓四個月結束獲頒「個人
總成績特優獎狀」

視為可以成功的挑戰，隨時儲備自我能力，使機會來臨
時而不自亂陣腳。一點一滴累積聚集屬於自己的精神財
富，小德僅若川流，大德而能敦化，如此在手中掌握微
弱的光芒。

自覺之道首在立志，立志能開啟事業的大門，有志則能戰天
鬥地。

讀書吧，少年！

退伍之後，我一度考慮回到新竹餐廳工作，但思考了幾天，還是決定放棄這個念頭。因為就長遠來看，每天忙到深夜的餐廳工作，未來的發展性有限。

我並不想一輩子在餐廳端盤子。

於是參考轉調陽明山屠宰公會總幹事的吳春和先生建議，在商會理事長的同意之下，於民國四十三年十二月重新回到商會擔任幹事，處理會計及統一發票核發業務。

回任士林的陽明山管理局商會工作之後，我一直想找機會繼續未完成的學業，因為讀書是脫離貧窮的最好方法之一，但是因父親過世帶來的家庭經濟風暴，使我未能在初工畢業後繼續升學。恰巧同事的弟弟何天明，與同學吳憲隆，也有意報考開南高職補校高商科，於是三人相約於民國四十四年四月一同報名，準備參加考試。

　　還記得入學考試前，何天明因為怯場不敢進場考試，我對他說：「念書這件事情是你第一個提的，怎麼可以不考呢？我們三個一起進場，你考完可以提前交卷出來，考不上就考不上嘛！都已經到考場了，不進去多可惜？」

　　也幸好何天明有聽我勸告，因為我們三個人都榜上有名，正式成為開南商工補校高商科的學生。

　　我們三個人每天從士林坐公車到台北開南商工補校上課。課堂上老師將重點寫滿整面黑板，遇下節課時，卻發現黑板已經沒有空間可以繼續書寫了，我就總在下課後自動把黑板擦乾淨，也因此我被選為班長和模範生。

　　下課後我與何天明、吳憲隆一起走回台北車站，他們二人坐公車回到天母，我則坐火車回樹林。三人每天上學、放學同進同出，還被其他同學笑稱是「士林三結義」。但是他們倆人於開南高商畢業後，何天明以台北市農會代表競選增額國大代表當選，而吳憲隆則考入財務軍校畢業後，旅任中尉財務軍官，昔日三人結伴上下

學的情景，也就從此中斷。

　　到了高商二年上學期，我接到台北團管區司令部的臨時召集令，必須到湖口基地補服常備兵一年八個月，只好辦理休學，暫時告別同學，重新入伍。

　　站在學校的大門口，視線停留在印有「開南高級商工職業學校」的門碑上。啊！我忍不住長嘆，讀書生涯又再次中斷，儘管我已經這麼努力游向心中的那個方向，卻才發現此處的閘門已經關上。但若我自怨自艾，露出一臉苦瓜象，誰會願意給我機會呢？行到水窮處，坐看雲起時，再帶著我的堅強，以及對人生的熱愛，我努力開啟另一扇窗。

做自己喜歡的事！因為做不喜歡的事，即使很努力，頂多變得很好，但不會是成功。

情書、家書與作業

　　到了湖口基地，我還是不忘勤奮向學，除了參加總政戰部舉辦之軍中文藝函授班❶學習國文，還犧牲可以放假回家探望母親的時間，在寢室的鋁製雙人床上層，趴著閱讀做練習簿，也寫自己的情書，和順便幫同袍寫家書。

　　某次假日，正巧遇上在星期假日回連部整理文書的指導員❷。他經過營房門口，發現我居然沒有外出，而是待在寢室裡用功讀書，很好奇的走了過來，看了一下我正在做的講義。

　　指導員對我說：「連上正好缺少政工人員，你願不願意到連部幫忙處理政工業務？」

　　我心想：「我只是個上兵充員，哪裡敢答應擔任這

----

❶ 以通信方式教授學生的學校。

❷ 指導員，就是現在的輔導長。

麼重要的職務！」於是婉拒了指導員的好意。

沒想到，指導員還是將我的情形稟報給連長，隔週假日連長也到寢室巡視，看見我趴在鋁床上層，趴著寫功課，努力練習國文的模樣，甚為讚賞，再度開口要我到連部暫代政工業務人員。既然連長都說話了，我這個小小上兵充員當然只有點頭的份。

翌日早點名時，連長就當眾宣布命令：「茲調充員戰士林有財自本日起至連部辦公，暫代政工業務，一切公差免除，不站衛兵。」從此我只需專心辦公，不用出公差，更不用站衛兵，有關組織訓練課程，則由值星官傳達召集。

政工的業務其實相當煩瑣，像是應辦業務事項、會議記錄、政治課本、保密防諜及軍中特殊反映等都是工作項目之一。我對於接辦政工業務誠惶誠恐，深怕出錯，偏偏辦公的首件工作就是上級來文交辦令，只好先客客氣氣的請教文書上士，是否有類似檔案可以提供我做參考。

他卻用不屑的口吻對我說：「我就知道！充員怎麼

可能代辦政工業務呢？」

　　既然從文書上士那裡得不到我想要的解答，我只好拿著公文直奔營部政戰室請教主辦人員，請其提示一些細節及做法後，再回來稟報連長商討如何處置及決定處理方向，最後再將初步方案回覆營部，轉陳上級。

　　我平日除了勤跑上級機關聯繫溝通外，還要負責各項政治課程的訓練、測驗及命題的印製工作。每次都要躲在指導員房間裡，用蠟紙、鐵筆刻鋼板後，以模造紙❸手工油印❹，然後透過值星官召集全體士兵按時上課，並進行隨堂測驗。至於組織工作的訓練、委員會之召開議決事項，也都由我以傳遞的方式召集開會、記錄並執行，或是呈報上級核辦。

　　經過三個月的磨練之後，我獲得了組織工作驗收最

---

❸ 一種吸墨力強、摸起來較粗糙、顏色為淺綠色的紙。那時軍中所使用的單面模造紙背面不能印刷，價格較便宜，不同於今日造紙業蓬勃發展，所售模造紙又白又亮，且雙面都可以印刷。

❹ 鐵筆、刻鋼板與油印工具，在打字機和印表機問世後，便逐漸被淘汰。

優第一名，連帶使連長、指導員均獲嘉獎。在接到嘉獎令公文的同時，連當初對我不太友善的文書上士，也向我祝賀，並且說：「不錯喔！平常深藏不露，默默耕耘的精神值得學習！」

原本長官要推薦我到陸軍士官學校受訓，受訓通知書剛送達營部時，剛好上級在新竹舉辦三民主義講習班，大隊部派營長為中隊長，一時找不到合適的中隊附人選，於是改派本人擔任中隊附，使得我士校受訓的事情只好暫緩。雖然無緣到陸軍士官學校受訓，但被指派為中隊附也是十分光榮的事情，即使講習班只有短短一週，我還是積極發掘受訓學員之反映及改進事項，絲毫不敢懈怠，逐一提出有效對策，呈報處理情形。而我們受訓的成績相當不錯，頗獲大隊部肯定，中隊長也甚感滿意，總算圓滿達成中隊附的任務。

不久，部隊移訓至燕巢工兵基地，進行為期三個月基地專業訓練，白天受訓，晚上仍上政治課。自部隊移訓至結訓，所有的交通指揮人員，都是由政工人員負責遴選的，我當然也是其中一員。主要的工作就是要在重

要路口指揮車輛前進，保持交通順暢。而我除了這項工作，還要帶隊參加倍力橋❺架橋測驗，任務更是艱鉅。

結訓日當天，我們在監考官的指示下進行「倍力橋二路一層之架橋速度」測驗，第一連負責安裝水面滾動式浮筒，第二連負責安裝橋面及推進至對岸，而我們第三連則負責安裝兩邊橋桁。本連參加人員共分五組，每組六人，首先由第一、二組每組六人拿圓木棒三支插上鋼架橋桁做先鋒，第一組由本人帶隊。

監考官哨子一吹就開始計時，各連依其分工職責開始行動。本連第一、二組扛第一節橋桁先到達左右兩邊架橋位置，第三、四組也緊接著扛第二節橋桁上場，接上左右第一節。隨即由第五組六人分成左右兩側各三人，一人拿不鏽鋼鉚釘對準連接孔準備插入、一人在連

---

❺ 倍力橋是軍隊作戰或行軍時，遇到河流不能通過，而由工兵所架設的臨時橋梁。是利用倍力橋橋桁，係一種長方型的鋼架，一節有六百公斤重，鋼架上以三個圓形洞，插上三支圓木棒，由六人共抬，一節一節接起來，迅速準確地用滾動浮筒推進到對岸。並在框中鋪設橋面而成，可載送戰車、人員、裝備，又稱框桁橋。

接孔另一端觀看有否對準並指揮調整、一人拿著軟式榔頭準備敲擊，不僅要將連接孔拴緊，還不能發出任何聲響，也不能讓連接孔露出鉚釘。動作必須敏捷、確實，將橋一節一節架起來，浮筒及橋面同時推進到達彼岸，終於在第十七分鐘完成測驗。

聽見監考官當場宣布：「打破以往全國之二十一分鐘記錄。」

才讓所有參與的人員如釋重負的鬆了一口氣。湖口基地長官還因此事蒞臨燕巢基地，犒賞全體受訓人員加菜金，當晚大家歡欣鼓舞地吃了豐盛的晚餐。

一直到民國四十七年八月十五日，我才服役期滿退伍，並獲得辦理四十六年度小組工作成績優良甲等嘉獎。

我想，正是因為不分時間地點的渴望自己進步，所以才創造了更多機緣。也許我並不是一個非常完美的人，但是面對每一件可以發揮才能的小事件，都加足馬力全力以赴，只求無愧於給我機會的他人，與不留下憾恨。

我寧願，做，凡間生命力旺盛的野草，也好過圍牆裡、困在花盆間的蘭花。

或許是經由血緣繼承來自父親的骨氣，那個帶著妻子孩子而選擇了離開農村的男人。只是我將這樣的不摧不折的「勇」，留在了他處，即自我充實。

也許勞力的付出真的能使我達成夢想，但那卻是一條看不見盡頭的路。讀書，就我所知是完成夢想的最好武器，而我也正巧熱情於此，連母親都不能理解兒子這樣的堅持是從哪裡跑出來的。

「啊也不常回來！」母親叨念我寧願去「那什麼國文班」卻不多回家來。我卻覺得學習是如此的急迫，實在不能多等一刻。

在湖口基地的這段時間，十分感謝遇到賞識我的長官，與給我磨練的人。新竹的大風讓我有機會成長，今日的苦將能蛻變，成為明日倒吃甘蔗的回憶。

45.12.16 應臨時召集一年八個月,全體充員教育兩個月結訓(筆者由上排數第二排左四、左七為台北工職同學李增富)

45.12.16 應臨時召集至湖口基地服役,筆者(左)被連長陳榮槐(右)暨指導員曾海南(中)拔擢調連部辦公,代替政工業務,連帶獲得嘉獎兩次:

(1) 47.3 對組織工作績效成效良好,驗收成績最優第一名
(2) 47.8 退伍獲得區分部小組工作成績優異甲等

 從心出發

成功不是偶然的,勝利也不會從天上掉下來,如果以為等待可以獲得,結果只會失去。

Chapter 4

懸崖與連夜雨

儘管很想緊緊握在手中，
但關節已經磨得紅腫、
皮也已經擦破，
我只好悄然退出舞台，
強迫自己揮一揮衣袖不帶走一片雲彩。

放手，我只能離開

　　「福無雙至，禍不單行」──這諺語一定是天生就等著來，只為了堵我。

　　湖口基地服役期間，我認識一位年僅二十二歲，曾在鄉公所任職的小琴，兩人相談甚歡，進而書信往來，墜入情網。在退伍前三個月，我曾到小琴住在三重的阿姨家拜訪，當時她告訴我，尚有一位年邁的祖母需要奉養，我只將它做普通的陳述句，還是以結婚為前提，認真與小琴交往。

　　但是就在小琴與她的祖母前來我們家拜訪之後，一切事情全變了樣。

　　因為小琴和祖母發現我們住在舊式的三合院裡，面積不僅只有十坪左右，客廳和房間狹小不說，洗澡間更是連門都沒有，只隨便用木板遮蔽入口及窗戶，毫無隱私可言。而且還是和六戶人家，約二十幾個人，共同分租居住在一個三合院裡。飲用水全靠一口古井，還常有

泥沙淤積，隨時都可能面臨無水可用的窘境。平時在家的時候，只要一聽到母親說：「阿財，古井沒水啦！快來清泥沙喔！」就得用雙腳撐著古井周圍所砌的石頭，緩緩下降到四米深的井底，利用水桶、水瓢挖除淤積泥沙。

小琴見到這樣的居住環境，臉色白了起來，那嘴角似乎也不願意再笑了一樣，她和祖母當場交頭接耳了一番。那樣無來由的安靜，我的手腳似乎已經不屬於自己。我猜大概是難以接受如此貧瘠的情景吧！

小琴的祖母對著我和母親，緩緩開口道：「在現實生活問題尚未獲得改善之前，我不會同意王小姐和林先生繼續交往。」帶著嚴肅的面容，和些微閃爍的眼神。

這個晴天霹靂的消息，讓母親和我都難以接受，差點說不出話來。即使苦苦哀求，努力勸說，仍然無法挽回這段戀情，只能在退伍前與小琴黯然分手。

退伍之後，我想乾脆重新回到陽明山管理局商會，藉由工作來忘掉失戀的痛苦，沒想到另外一個打擊接踵而來。陽明山管理局下令交接之後，直屬長官對這件事

情並不重視，甚至可以說是一種漠視的態度，致使職務代理人賴君約，堅持不肯與我辦理交接。我記得那一天，天陰而未雨。

「您再問問看吧，這本來就是我的工作啊！」他說，如事不關己般的不為所動。

僵持了數日之後，事情依然無法獲得解決。傍晚母親在灰暗的廚房切蘿蔔，背影對著我，突然說：「阿財，不要在周轉啦，工作的事再找新的吧！」，要我放棄這份工作，忘掉過去，另覓新的出路。

還說：「世上哪有過不去的坎兒，這樣卡在門縫，實在不是辦法……」

我以為，退讓的不應該是我。我知道環境很殘酷，可是，沒想到人也可以很冷漠。儘管很想緊緊握在手中，但關節已經磨得紅腫、皮也已經擦破，就聽聽母親的話吧！我悄然退出商會辦公樓的舞台，強迫自己揮一揮衣袖不帶走一片雲彩。

酒廠裡的發明家

母親一番苦心的話語，讓我選擇將工作機會讓給別人，而自己頓時成了失業人口，只能暫時投靠北投好友吳春和先生，去陽明山管理局屠宰公會駐北投辦事處幫忙一些雜務，或是到北投烹飪公會高秘書住處，幫忙繕寫會員大會手冊，賺點微薄的工資。

失業約半年之後，機會終於來敲門。

母親的友人告知我們一個好消息，那就是民國四十八年三月間，樹林酒廠要招考工代職人事助手一名。台灣光復後，酒廠由原來的專賣局改歸公賣局管轄，但依然是個公營事業機構，工作比民間穩定許多，福利又好。於是，我毫不猶豫的填好履歷表，在三月春櫻的陪伴下前往人事室

48.3.30 考進樹林酒廠擔任人事業務助手證明書

報名。參加考試的人總共有十三位,但只有一個錄取名額,我很幸運的獲得錄取,並於三月三十日報到。

經復職受挫、失業半年後,踏入公營事業機構當工代職,也就是人事室的助理工作,我突然變成「塞翁失馬,焉知非福」裡的老翁。

工作錄取後,依期限到樹林酒廠人事室報到就職,先由人事管理員江文昌先生(後來考入台大夜間部法律系而成為同學)介紹人事佐理員黃先生承辦職員異動,及二位工代職,一位何先生協助管理人事資料,另一位王先生協助管理工人出勤及加班查核。介紹完後就分派我協辦員工保險、退休、撫卹、健康檢查等四項業務。

往昔和我父親同在酒廠工作的同事,聽到阿木的兒子進廠工作,都格外的開心,便到人事室和我寒暄一番,讓我倍感溫馨!

有一回我向主管建議把所有員工保險卡設專匣專人管理,以符合事權統一原則。由於員工保險卡是分散於一人一袋的人事資料袋內保管,遇有保險事項異動時,必須向何先生調人事資料袋、抽出保險卡才能辦理,辦

好後再放回資料袋，有諸多的不便，因而建議「設置保險卡專匣」集中由承辦人管理。

經主管同意後，由資料袋內逐一抽出保險卡共一百七十一張，請營繕股製作小型木匣，分上下兩層，每層隔成五格，木匣前加一扇可以掀開的木匣蓋，油漆後加鎖放置辦公桌上使用。

往後處理各項保險加退保及請領各項給付都非常方便。尤其遇到七月的調整軍公教人員待遇時，需要填報全廠人員的調整投保薪級表，複寫兩份造具一百七十一人被保險人名單計十張，分送公保處一張、台壽公司一張，勞保處七張，備查都很方便，又能在最短時間內完成填報備查作業。

發明來自於生活，我也算是當了一回小小發明家，主管調侃我：「是不是想當台灣的愛迪生啊！」我羞赧的說不出話。因為想要改進生活中的不便、同時也用行動力去執行，而帶來新的事物或機會，我想這就是「積極」的好處吧！

甜茶杯

　　進入樹林酒廠工作後，老天彷彿也對我看順眼了起來，好事開始發生。

　　先是三兄在別人的介紹下，準備相親，對象是板橋沙崙黃枝香小姐。相親當天，三兄居然害羞，不好意思去女方家，臨時叫我代替他前往。到了女方家，才發現相親的對象竟然是我的小學同學，她後來就讀樹林初中，畢業後就在板橋遠東紡織廠上班。我告訴她，自己是代替三兄前來相親的，如果她願意，就可以與我三兄談論婚嫁事宜，也幸運獲得她的首肯。我回家轉告母親與三兄好消息，兩家開始進行訂婚交換戒指，再擇定於四十八年五月間娶親，也因此我的小學同學黃枝香，變成我的三嫂。

　　有一天，三嫂的前同事魏紅梅小姐來訪，她是得知三嫂結婚的消息，專程北上看看老同事的近況。

　　眼見雙十年華的魏紅梅小姐，待字閨中，和藹可

親，母親立刻把握良機，與她詳談了好一會兒。原來紅梅目前在後龍住家附近一家織襪針織廠當女工，家境和我們家相差不多，是個理想的結婚對象，於是概略介紹我的條件：「為家中第四個兒子，今年二十七歲，身材稍瘦，是個忠厚老實的年輕人，若魏小姐不嫌棄我們家境清寒，可否由媳婦與你相約一個星期日，帶有財到府上與你相親？」

母親果然厲害，兒子還在原地踟躕的時候，她的眼光已經跑到另一個地方去了！

在獲得紅梅首肯後，我們依約在某個星期日到後龍魏家相親。依照我們當時的習俗，在相親時女方會端出甜茶給我們男方喝，男方要在喝完的空茶杯裡放進紅包。如果覺得女方是適合的結婚對象，就在紅包裡放進雙數的錢；如果不適合，就放進單數的錢。

我們家當然是對紅梅滿意極了！空的甜茶杯裡放進了雙數金額的紅包，也感謝女方的雙親不嫌棄我家清寒，同意這門親事，讓我們著手進行訂婚事宜。女方雙親體諒我們的家境，儘量節省開支，聘禮只收四千二百

元，禮盒一百二十個，以簡單不鋪張為原則。從小在泥地裡打滾的男孩，終於找到可以相伴一生的女孩了。

79.1 訂婚後到後龍準岳父母家，與未婚妻攝影留念，並與紅梅沿著公路走路到苗栗欣賞風景

訂婚後，我經常與紅梅書信往來表達情意，後來我們兩人結婚後，才知道那些信並不是她的親筆，而是由妹妹代寫、代看。

原來是紅梅小學還沒畢業，就經常到織襪廠打工，做論件計酬的工作，希望能多賺點錢貼補家用，忙到連午餐和晚餐都沒時間回家吃，根本沒時間念書，所以雖

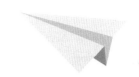

然有小學畢業的學歷，卻沒辦法自己寫信。

三兄問我：「會不會覺得被騙？」

我驚訝地回道：「怎麼會！只覺得魏小姐很勇敢、很用心而已！」

得知實情後，我反而更佩服她為了家人，犧牲自己學業的苦心。我與紅梅於民國四十九年五月九日結為連理。婚後，紅梅與三嫂這個老同事成為姒娌，每天生活在一起。而三嫂的第一個孩子出世後，紅梅也幫忙帶這個可愛的小女娃，一家人和樂融融。

至今，那個被塞過紅包的甜茶杯，還被我偷偷收藏在櫃子裡，作為永恆的溫暖回憶。

我們尋求一個能相伴一生的人，不必有頂好的外表或是高人一等的智商，有願意付出的真心是最好的指標。

糯米粿

　　由於三兄和我在兩年內相繼完婚，母親為了張羅我們的結婚費用，只好到處借錢，以致於家裡欠了一大筆債。我和兄嫂三人微薄的工資不足以還債，即使標會先還本金，還是無法清償債務。

　　母親只好著手製作紅龜粿、草仔粿（刺殼粿）來販售，貼補家用。

　　每天紅梅都會準備糯米、包粿葉子、紅豆餡料等食材，於手搖式石磨下層出口處綁上麵粉袋，再由母親以小水瓢慢慢注入洗乾淨的糯米及水，紅梅則推動石磨木桿，將糯米磨成米漿。磨好的米漿會裝在麵粉袋裡，放置於長板凳上，利用扁擔綁麻繩的方式，將水分搾乾。

　　第二天早上，比較耗費腕力的搓揉糯米糰工作，則由我來做。我會拿一小塊搾乾的糯米糰，放進水裡煮熟，撈起後瀝乾，再將具有黏性的小塊熟糯米糰放進其餘的糯米糰中，一起搓揉至黏稠軟團狀，並加染紅色或

放入深灰色的刺殼葉。紅梅和母親會一起包入紅豆或蘿蔔乾絲等餡料後,以印模印好放置蒸籠內,由紅梅蒸熟。

古人曰:「一日之計在於晨」,而我的早晨則是開始於揉糯米糰,加包餡料印模製成半成品米粿,完成後才會趕去酒廠上班,而母親會提著做好的紅龜粿、草仔粿到工地叫賣。

紅梅日復一日的趕工做粿,就連懷孕挺著大肚子,也要去水溝內涉水摘取包粿葉子。長子出生後,更是背著孩子去摘取包粿葉子,過著十分艱辛的生活。

我則五點下班趕回家吃完晚飯後,馬上到樹林火車站搭火車,去台北濟南路開南補校上課。下課後搭十點的末班車,回到家將近十一點,紅梅會在燒煤炭加水的大灶鍋內,放置飯菜保溫,等我到家後能吃到熱呼呼的宵夜,嘴巴暖了、心也跟著暖烘烘。

做紅龜粿、草仔粿的生意一直持續了一年六個月,直到我調升公賣局統計分析小組工作前,安排到新店安康訓練中心受訓一個月才暫時停止。

　　去台北濟南路開南補校上課？是的，獲得酒廠的工作、有了穩定經濟收入之後，讓我有了依憑可以接續未完成學業。書、知識、技能，讓我見到另外一個更豐富精彩的世界，我可以放心的遨遊，肆意的將它們據為己有。

　　手指頭輕撫著那些經過用心保存的書本，我知道那一扇曾經被關上的門，現在已經被我推開了，跨出腳步，身體向前探去。

　　終於在民國四十九年二月，也就是結婚前幾個月，我申請復學高商二年下學期。身兼國文教師的導師——何蟠飛先生，帶領我到班級裡之後，拉著我到講台上向大家作自我介紹。

　　想著，和同學們分享近程經歷，或許能多了解我這個人，所以就描述了如何在服補充兵退伍後，於陽明山管理局商會工作中認真念書，並考入本校高商科且獲選為班長。以及就學中途因接到臨時召集入伍休學，卻在退伍復職遭拒失業半年，而意外的考進樹林酒廠當工代職。同時也另外提到失戀一年後，如何認識兄嫂之老同

事進而結為連理。

50.7 第十一屆開南商工補校高商三年A班畢業紀念照。教務主任顏清林（前排左四）、國文老師兼班導師何蟠飛（前排左五）、作者（二排左二）

何蟠飛先生向同學說：「林同學服役退伍復職遭拒，但能忍讓成全他人，美德值得讚揚，另外被女友甩掉而失戀，林同學卻能體認自己家境不佳而謙默自持，並以努力進學撫平創傷，值得大家借鏡。」

記得有一回，何蟠飛先生上課時，出了一道作文題目為「如何克服困難」。

我將由於我與三兄相繼成婚，導致必須自製糯米粿

販售還債，和半工半讀的艱辛歷程作為作文題材。老師批改完作業後，將我如何克服困難並且以堅定的意志力向貧窮挑戰的種種過程，在課堂上公開稱讚，又向校長陳有諒推薦我為模範生。也

49.2 退伍復學台北開南商工補校高商二年下學期榮獲台北市政府頒發「優良學生獎狀」

因此事我獲得校方選拔為「模範生」，獲得台北市長表揚，並於民國四十九年六月獲得台北市中等以上學校四十八學年度下學期優良學生獎狀及獎品。

校長也特別允許我學費分期繳納，但由於家裡實在太窮，直到畢業時，我才得知學費尚未繳清，內心覺得不好意思卻也十分感激校長。等到發薪日，一領到薪水，我就趕緊到學校繳清欠了許久的學費。

50.7 台北開南商工補校高商科畢業，經教育廳考試及格的資格證明書

當我領到畢業證書剎那，陡然在腦海中浮現，那無數個用搓糯米糰陪伴太陽升起的日子，和那些交錯的人生路上給與我關懷的臉孔，一路走來磕磕絆絆，但總也是滿足了執著，替自己贏得一點勝利。

從心出發

　　一開始總會不習慣，用毅力強迫自己推開新世界的大門，之後會越來越簡單。

Chapter 5

以誠汲汲不休

白天在公賣局上班時，
只要有空檔就會做筆記，
晚上一邊背書，
一邊抱著身體微恙的次子，
哄他睡覺。

有財牌日報表

　　民國五十一年一月間，得知公賣局要成立「菸酒市場統計分析小組」，所需人員則由各附屬菸酒廠暨配銷機構員工徵召，凡是高商畢業者皆可報名參加。報名參加者約三十人，先接受員工訓練中心配銷統計訓練班受訓一個月後，必須於四月一日向公賣局市場分析小組報到。本人於民國五十年六月畢業台北開南高職補校，同時參加教育廳高商資格考試及格，而率先報名公賣局市場分析小組，並受訓一個月後如期於四月一日報到，而離開樹林酒廠人事室工代職崗位。這是半工半讀的汗水換來的高職學歷，第一次在生活中綻放光芒。

　　受訓即將期滿快要結訓時，母親、紅梅與孩子要隨我一同搬到台北，但想到要舉家搬遷就傷透腦筋，因為負債又身無分文的我們，實在無力負擔搬家費用。幸好，訓練班的同學胡慶森願意幫忙借卡車，協助我們從樹林搬到松山基隆路一段三十五巷七弄三十五號的宿

舍，不僅替我們省了一大筆搬家費用，就連中餐都是胡同學掏腰包請客，讓我們全家感激萬分。訓練班的同學們對於胡同學雪中送炭的義舉，也大加讚揚。

母親和紅梅為了貼補家用，還是繼續從事小吃生意，這次選擇米粉湯、煎芋頭糕及白飯三項，以二輪流動攤車販賣。每天早上，我會幫忙把攤車推到基隆路巷口，再坐公賣局的交通車到南昌街公賣總局上班。母親和紅梅則在攤位上努力販賣著，這項小生意一直做到十個月後，我們全家搬到和平西路宿舍才停止。

自從我調升至台灣省菸酒公賣局市場分析小組業務員，便開始著手進行全省一百二十五個配銷處（所）菸酒配銷日報表之設計工作。

為了使各配銷機構承辦人員容易填報，不增加額外負擔，我特別設計了一套兩聯複寫式的日報表，一聯存根、一聯報核聯、背面開闊為信封，印妥中式受信地址、受信人及發信配銷單位等資料，交給總局統籌交印刷廠印製，轉發給各配銷單位填報。配銷單位人員每天填好日報表，依折疊線折好，就是一個現成的信封，貼

上郵票即可投遞郵筒，隔天限時專送到達分析小組。我們就可以立即統計彙整前一天的全省菸酒銷售量及銷售金額。

　　還記得我設計的表格五月一日開始實施，第二天，一百二十五個配銷單位日報表陸續到達，至下午三點就全部到齊，分析小組全體同仁歡聲雷動。同仁們立刻著手進行各分局別統計，再彙計全省菸酒總銷售量（值）呈報局長核閱。實施頭一天就能獲得這樣的成果，局長當面稱讚不已。使用這樣的設計信封，全省一百二十五個配銷機構每年可節省四萬五千個信封套費用，也與節省資源的環保概念不謀而合。

　　我們的工作還包括每月統計出配銷前三名的機構，以獎勵其工作人員，同時如果有繳庫異常的情況，也能及時發現，進而追查出弊端。

　　市場分析小組成立兩年多，執行業務相當順利，但由於局長更替，新任局長有意整頓臨時編組單位，以各配銷機構反應每天製作報表，造成工作量大增為由，決定於五十三年六月底將小組裁撤。所有的同仁歸還原建

制各分局配銷處，我的原建
制在彰化市民族路配銷處，
歸建時則要搬到彰化。

　　在小組裁撤之前，我知
道不能繼續停留在原地了，
否則將眼睜睜看大水淹沒頭
頂。因此決定參加台灣省地

公賣局原址（已改制為台灣菸酒
公司）原統計分析小組位處大門
左邊入口處。昔日在此服務二年
二個月。

方自治人員丙等考試，並積極準備應試。儘管心中也知
道自治人員考試並不簡單，也許所有的刻苦都可能是白
忙一場，但既然已經下定決心，此刻我就要心無旁騖地
投入。

　　不獻身冒險，怎麼能得到成功的果實呢？

從心出發

向對手致敬之後，便是向對手學習其長處；學習之後，則要
建立自己的運作脈絡以超越對手。

熱血實習公務員

　　公賣局裁撤統計分析小組前夕，正好考試院舉辦五十三年二月丙等地方自治行政人員考試，資格為高中畢業或同等學歷，均可應考。我趕緊備妥學歷證明文件，以通訊報名方式報名考試。

　　考前兩個月，幾乎日夜不停的讀書，白天在公賣局上班時，只要有空檔就會做筆記，晚上一邊背書，一邊抱著身體微恙的次子，哄他睡覺。小孩子的啼哭聲，在夜深人靜時聽起來特別響亮，害得同事不得安眠，常要起身勸我早點抱孩子上床睡覺。同事雖然語氣和緩，但我還是深深地感到抱歉。

　　這次報考的人數高達二千六百人，預定只錄取四十人，還要到台中考場應試兩天。光是吃住等費用就傷透腦筋，不知道要如何前去應考，幸好長官得知消息，好心資助我旅費，我才得以順利出發，前去應考。

　　到了台中，準備住宿時，才知道每個旅社都已經客

滿了。不得已只好勞煩當地配銷所的配銷統計訓練班同學，向熟識的旅社詢問是否可以多安插一人住宿。最後總算問到有一間兩人房的客人，願意讓我和他們同房，讓我欣喜萬分。原來，他們兩人也是來應考的，三個人擠一間，大家互相討論應考科目和出題方向，三人都獲益匪淺。

　　考試結束後，報紙上公布本次考試增額錄取到九十人。手微微顫抖，我眼神專注的查察看報紙上的錄取名單，一見「林有財」三個字，瞬間肺腑整個發熱起來，我壓抑著喉間的激動，

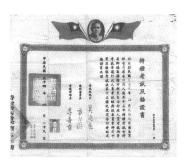

53.2.6 參加特考丙等村里自治行政人員及格證書

趕緊拿著報紙，將喜悅分享給正在外頭洗衣服的紅梅。不久之後，我接到台灣省政府分發通知，要我於五月二十三日前向北投鎮公所報到，而且要在期限前就必須由公賣局宿舍搬到北投租屋。

　　我被分發到北投鎮公所當實習里幹事，首先必須先

了解民政課主管的各項業務，並協助同仁辦理急迫性的業務，例如：學齡兒童之就學通知、預防注射之通知、敬老禮品之分送、冬令救濟物資之發放、各項選舉事務之籌備、開會場地的布置、整理文書歸檔等等。當年寫公文可不像現在打打電腦，可以列印出來了。

省政府53.5.18 分發陽明山管理局實習里幹事令

不管是寫公文或發文通知，都要用刻鋼版並用手工油印的方式處理。

　　我的鄰座是一位曾經中風的施姓課員，他的公文堆積如山，有些甚至兩、三年都未歸檔，看他經常被檔案室催促，卻怎麼也無法將所有公文歸檔。於是我主動向施姓課員建議，由我幫他代為清理，並按時間之先後將案件逐一過濾，分成結案與未結案兩類。已經結案的，依照其歸檔分類，先送檔案室歸檔。而未結案的案件，則請施課員就其記憶所及，提供意見，再進行相關的簽

辦後核章，並呈請鎮長核閱後歸檔。一個星期後，竟然完成所有歸檔手續，還被檔案室評為鎮公所最優歸檔，鎮長甚至當面嘉許。就這樣，我在無意間解決了一件困擾施課員多年的煩惱。

發放敬老禮品也是我們的工作項目之一。辦公室裡年紀最大的陳明德——老陳，大家都這樣喚他，特別請我分送陽明山區的禮品，並且提供我一百五十元車馬費。雖然我對於竹湖里並不熟，但看在老陳請託的份上，還是搭著公車邊詢問當地里民，挨家挨戶的把禮品送到山上各鄰去，讓各鄰簽收完畢。重陽節過後，山上各鄰的反應良好，沒有缺少任何一份禮品，不像往年，即使派專人送禮，還是有缺少禮品的情形發生。

至中秋節一過，便開始發放冬令救濟物品，發放物品包括：白米、麵粉、加工食品、衣服、救濟金等項。我還記得第一次參與這項工作時，鎮公所側門口整排桌椅一字排開，大多數的椅子都已經有同仁坐定了，唯獨發放麵粉的位子空無一人，原因很簡單，大家都知道發放麵粉時，全身衣物和頭髮都會被飛揚的麵粉染成白茫

茫的一片，所以每個人都避之唯恐不及。

　　而我二話不說，就往那個空位上坐。

　　忙著用量斗將麵粉盛入每一貧戶三個斗量於麵粉袋，不到一個小時，我的全身都被染成白色的，尤其是頭髮，更是厚厚的跟一層白雪似的。有些同仁見到我的狼狽狀，還忍不住暗暗偷笑。不過也不是每個人都如此，像是住在我租屋處對面的老陳，就願意挺身而出，不但幫我發放麵粉，還叫我先回去洗頭、換衣服，再回來繼續發放。由於發放的麵粉數量比較多，過了中午只剩下我一個人堅守崗位發放到最後。課長前來巡視時，發現只剩我一個人堅持到底，還滿臉笑容的跟我說：「辛苦了」。

　　工作之餘，我也會到北投區的國民黨小組幫忙，小組成員都是當地有名望的人士，我在裡頭年紀最輕。但其他成員都笑著說：「年輕有為喔！里幹事，我們的會議記錄就麻煩你一下了！」，後來我還被選為小組長。

　　每次在新北投的旅館開會時，成員都踴躍發言、努力反映社會調查，我見大家為民如此，就更想奉獻自己

的心力。因此常常花好幾天整理小組會議記錄，分門別類的詳述會議內容。將記錄內容呈給黨區部的長官後，長官對內容之詳細感到驚訝，說我能這麼的全面反映社調「實在不簡單」，我們小組因而被選為示範小組，先總統蔣中正甚至親自蒞臨陽明山中興會堂表揚並與全體示範小組長合照。

中國國民黨中央委員會第一組證明書

茲林有財同志所轄屬之小組組選拔為

五十四年度示範小組誠同志係小組組

長經中央表揚在案特此證明

右給林有財同志收執

主任 張寶樹

中華民國五十五年五月　日

55.5 獲選五十四年度示範小組長中央委員會第一組頒發證明書

微笑露一點，說話輕一點，嘴巴甜一點，肚量大一點，脾氣小一點，做事多一點，理由少一點，腦筋活一點，效率高一點，行動快一點。

全家都是打工仔

　　既是北投鎮公所「實習」里幹事，也就是還處於學習階段，自然不是領全額薪水。在民政課實習時，我的實習津貼每月四百六十元，扣掉每個月的房屋租金兩百元，剩下的錢要供我們一家五口生活，已經是捉襟見肘了。

　　我們為了省房租，只能住在位於紡織廠圍牆邊，整日紡紗機噪音不斷，租金比較便宜的房子。

　　正當我為了一家子的生計傷透腦筋時，忽然看到省府公報刊載「通令各縣市鄉鎮市公所奉派實習人員，每月發給房屋津貼二百元」的好消息。趕緊向出納羅課員提出造冊請領，但遭到拒絕，並要求我去找人事管理員。

　　而人事單位又向我回覆說：「只要將省府公報交給出納造冊，即可請領。」

　　兩個單位互踢皮球，讓我不知到底該向誰請領，只

好寫簽呈給鎮長，並將公報附在上面，告知事情始末。
這招果然奏效，鎮長立刻對出納下達指令：「限本日下
班前發給，否則以剋扣應發款項送辦。」在當天下班
前，我火速從出納手中取得該筆款項，因而減輕房屋租
金的負擔。

　　實習辦公室裡的老陳，也另外介紹了一份賺外快的
工作。

　　中山堂舉辦放映社教電影活動時，本來也是請中山
堂的工友幫忙，將堆放在中山堂後方的鋁製折疊椅卸下
來排列。原本想請工友加班，等散場再將椅子推回原位
放置，但工友寧願不賺那一百五十元加班費，也不肯留
到午夜工作。於是陳課員第一個就想到我，詢問我是否
有意願幫忙。

　　我心想，可以帶著紅梅、長子、次子一家四口一起
搬椅子，這樣我們全家可以一邊欣賞電影，一邊還能賺
一百五十元外快，這可是一舉兩得的工作呢！雖然等到
電影散場時，要將折疊椅堆回原位，比起卸下椅子時要
困難一些，尤其是底部必須排正，否則椅子會倒得亂

七八糟，甚至會發生危險。加上紅梅當時有孕在身，雙手無法舉太高，只能由我一張一張的往上堆積，等全部椅子整理好，已經是滿頭大汗了。我們全家人在午夜十二點拖著疲憊的身子，從新北投新民路走路回到老北投清江路，到家時已經是凌晨時分了。

我始終很感謝老陳當時對我們一家子的照顧，尤其在我被長兄林有義冒用身分證開空頭支票，而被法院判處罰金合新台幣三千多元所累，還差一千元就要被警局判定繼續居留的緊要關頭，願意伸出援手給予解圍，使我獲得釋放，真是銘感五中。現在回想起來，那真是一段永難忘懷的回憶。

但畢竟不是天天都有電影活動，我只好再到台北橋毛線手套加工廠應徵代工，並與紅梅一起縫製毛線手套五隻手指間的接縫，縫製一打手套可以獲得工資十元。每次我都會取十到十五打手套回家代工，但由於剛開始都被分配到黑色毛線手套，顏色太深，加上我們租屋處的燈光昏暗，縫製起來並不容易，所以速度根本快不了。

後來私下向老闆情商，才拿到粉紅色、紅色、紫色、灰色等顏色較淺的手套，我們的技術也越來越純熟，工作的速度才逐漸加快。長子和次子會幫忙剪線頭，全家人不分晝夜的為家計努力著。

　　有一回颱風來襲，我車上還綁了一大袋的加工手套，連人帶車被強風吹倒在稻田裡，沾了一身的泥巴。由於當時台北到北投的道路全是碎石子路，加上強風吹襲，走起路來分外艱辛，根本無法騎車，只好牽著車子一步步走回北投住處。

　　幾個月後，因為紡織廠旁邊的租屋處實在太吵，孩子經常在睡夢中被驚醒，所以我們舉家搬遷到清江路一棟三合院。而那裡一共有六戶共同承租，大家共用一個水表，每個月按人口數來分攤水費。各戶輪流收齊金額後，交給一位同樣在民政課做事的收費員先生。

　　輪到紅梅將各戶水費收妥繳交時，不知道是什麼緣故，收費員竟然沒有給她收據，隔天又到三合院來，再向我們收一次水費。這下子真是有理說不清，紅梅只好挪用該月的生活費，再繳交近百元的水費，讓我們原本

捉襟見肘的生活更加困頓。我忍不住在上班時，將此事說給課內其他同仁聽，大家議論紛紛，對那位收費員先生的行徑頗有微詞。不久後，那位收費員先生就沒再到民政課上班了，至於是不是因為對此事感到愧疚所致，就不得而知了。

此時短期的吃苦，經過時間的熬煮，以及個人的堅持之後，可能會變成將來的「吃補」。

狗咬呂洞賓

在北投鎮公所實習六個月終於期滿後，我被派往北投第一大里大屯里服務，大屯里顧名思義即大屯山麓而命名，轄區北投中和街以北、復興一、二、三、四路，北至頂青礐與淡水鎮交界。該里本來就配置有一位蔡姓里幹事，由於地區遼闊，因此再增設一位里幹事。我負責山下，包涵中和街、復興一到四路，蔡姓同事負責山上大屯國小周圍各鄰。

我才剛到任，就接到通知各地主申報地價的工作。由於山下的住戶比較多，我立刻就動身，挨家挨戶的遞送通知書，讓各戶依照規定，在規定地價的上下二十％範圍，進行申報地價的填報作業。

本來一切尚稱順利，直到碰上一戶別墅。

才剛按門鈴，就聽到狗吠聲不斷，好不容易才有人來開門，原來是一位前國大代表王先生。我耐心的說明來意，卻被前國代大聲斥責，說是政府地價申報政策訂

定失當，還指揮狼犬準備逐客，我只好狼狽逃到門外。雖然前國代罵我的聲音之大，連附近鄰居都聞訊前來圍觀，我還是不願意放棄，對前國代好言相勸，但還是沒有得到善意回應。

我只好表示：「如果您讓狗來咬我，是妨礙公務，還要背負傷害刑責，那多划不來，您還是乖乖繳稅吧！」

並將地價申報書投入信箱內，就轉身離開了。隔天，餘怒未息的王國代，登門到鎮公所來興師問罪，要民政課李課長處罰我，李課長則回應說：「他身為基層公務人員，依法執行公務，有什麼不對呢？」也幸好如此，我這個新上任的菜鳥里幹事終於圓滿完成申報地價的任務。

而蔡姓里幹事，反而因為掉以輕心沒能如期完成工作，被當地民眾投訴，讓長官氣到頭頂都冒煙了。

後來我於民國五十四年三月由大屯里調到石牌里服務一年多後，適逢內政部舉辦五十六年戶口及住宅普查。主辦單位戶籍課長希望我將石牌地區的三個里——

復興、永和、石牌，統合畫一張完整的普查路線圖，以利普查之進行。於是我每天騎著有點生鏽的單車，不分風雨，將各里的街道巷弄門牌號碼，一一在紙張上標示，我這個人別的什麼優點沒有，就是有足夠的耐心和細心。

55 年間北投鎮公所李鎮長德財（右六結領帶者）率領同仁至花蓮鯉魚潭自強活動，作者帶著次子（右一），同事張萬福（右四，後來成為台大同學）

大約花了兩個月，才將三個里的普查路線圖統整好，並且再到各區比對無誤。課長核對戶籍資料無誤後，特地將我找進辦公室，鼓勵我做事之用心，並向上

陳報陽明山管理局以敘獎勵記功。

　呵，愚公尚且能移山，我自比愚公，雖聰慧不足，但吃苦當吃補，還是能小有成績的！

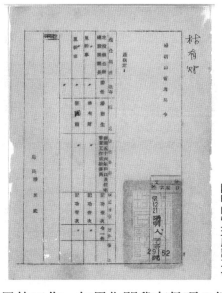

陽明山管理局記功令

　在大屯里的工作，如果你問我有趣嗎？好玩嗎？我當然會說：不。但是我自能在我的工作中找到人生的意義與味道。曾經有一位年輕朋友向我訴苦，他是做行政業務的，總覺得工作苦悶、無趣，並考慮是不是應該換一份「有趣」的工作。

　　我認為本來就不能期待工作的本質有趣，但是對理想的堅持，可以對它施一點小魔法，讓人於工作中能如魚暢游。因為我喜愛服務大眾，在做路線圖的實地勘察中，即使炎熱的陽光在身上煎熬，或是因為路名標示不清、門牌順序混亂，而使我重複來回，但是在完成任務之後，想到人們可以得到一份明瞭、可信任的地圖而感到方便，便覺得往後也願意這樣付出百分之百的心血在工作上。

　　所以說熱情讓工作變可愛了！

　　不可能萬事盡如人意，但是能主動去創造好事。因為喜歡為民服務，就算工作偶爾彈性疲乏，我也能休息之後再度出發。就將眼光放得更長遠吧！那讓人度過一道　道的坎，繼續走下去。

從心出發

在預期之外的變化，總是令人畏懼。若能認識這種畏懼同時代表挑戰與契機，就能從排斥轉為欣然試探。

Chapter 6

柴米油鹽和進學

台大夜間部招生報名費一百二十元。

但之前念夜校補習班時，

已經繳交兩千四百元的學分費了，

此時的報名費，

可讓經濟拮据的我們傷透腦筋。

台大裡的單車小飛俠

　　不久後，我到北投鎮公所參加里幹事業務會報，無意間從同事張萬福先生的口中得知，台大夜間部將於五十六年七月正式成立的消息，而且只要具備高中畢業資格，並在台大夜間補習班修滿二十個學分，即可報考插班生考試。也因此，張萬福每天下班後，都到台大夜間補習班修習法政學分。

　　我心想：「就算日後夜間部沒有成立，多補充點法政知識也不錯！」

　　於是存著半信半疑的心，跟著張萬福先生報名台大法學院夜補班，以趕在台大夜間部正式成立之前修滿學分。

55.7 報名台大夜校補班（升格為大學夜間部）選修24學分之上課證

　　因此我又開始半工半讀的生活，每天騎四十分鐘的

單車，自北投騎到台北濟南路台大法學院上課，這和我當年到開南商工補校就讀的路是同一條，只是從台北車站走到開南商工補校約十分鐘而已，現在想想，我和濟南路還真是有緣啊！

　　上學途中，我通常會順路騎到台北大橋手套加工廠交件，再取回給全家人代工的手套。每天拎著一大包代工品放在課桌椅旁，其實還滿顯眼的，所以同學們幾乎都知道我課餘還要做代工貼補家計的事情，也常常對我投以鼓勵的眼神。

　　記得有一天，我下課要回家時，才赫然發現我的單車居然不翼而飛，想搭火車又身無分文，只好拎著一大包代工品走路，並沿著中山北路經過圓山、士林、石牌、北投一路走了回去，回到清江路的家裡時，已經過了午夜時分。隔天，我在北投民眾服務站無意間提及昨晚法學院下課單車失竊走路回家的情形，史鑑初主任立刻伸出援手，借調了一台單車幫我解圍，同時鼓勵我在假日時到北投民眾服務站服務，可以獲得額外的兩百元津貼，好紓解我的生活壓力。史主任的善心，溫暖了我

原本不安的心。

　　在北投民眾服務站也曾發生一些特別的事，因為星期例假日要前往服務，曾受理民眾標會債務糾紛的協助請求。我全盤了解狀況後，請債務人會首轉知各會員，於下星期日到服務站會議室共同調解協商，幾經折衷雙方差距商妥債務清償辦法，雙方同意後作成調解書，並經債權債務人簽署完成，再分送至各債權人存執。

　　就在我台大夜補班修滿二十四學分後，新制台大夜間部果然成立了，正式公告招生。

　　但報名費高達一百二十元。

　　之前念夜補班時，已經繳交每學分一百元的學費，總計兩千四百元的學費了，現在又要繳交一百二十元的報名費，可讓我們這對經濟拮据的夫妻傷透腦筋，最後不得已，只好由紅梅將其珍藏的戒指賣掉，好湊足我的報名費。幸好我沒讓紅梅失望，入學考試放榜，我錄取了商學系插班生。雖然很高興上大學之路就在眼前，但想起高達兩千三百元的學雜費，就不知該如何是好。紅梅先是將該月剩下的七百元家用費全部拿出，並向小姨

子借了一千元，剩餘不足的六百元則向手套加工廠預借工資，好不容易才在最後期限內湊足了學雜費，完成入學註冊手續。

正當此時，原本已經和我同時考上台大夜間部的北投鎮公所同事張萬福，卻發現他的高中學歷證明，可能無法通過教育部審核，正在煩惱不已。原來是因為他是以高工肄業同等學歷報考，這和念大學夜間部必須具備高中或高普考證件的條件並不相符。為今之計，就是趕緊報考高普考，來補學歷之不足。原本張萬福只想報考高考，我建議他最好連普考一起考，比較保險一點。放榜後，張萬福的高考落榜，而普考則幸運考上，他開心的跑來告訴我好消息，並感謝我的提醒。他趕在期限內到考選部申請普考及格證明書，順利當上我的大學同學，兩人也因此成為莫逆之交。

不要在意榮耀歸屬於誰，讓成就有更大的發揮空間。謙虛總讓人走得更長更遠。

兩難與抉擇

民國五十六年九月開學之後，我在商學系第一個學期選修十五學分，期末考有一科兩學分不及格，到第二學期選修十一學分，有兩科合計五學分不及格，超過選修學分的1/3，根據學校規則不能補考、須要重修。第三學期則是選修十六學分，有三科七學分不及格，也超過1/3的學分不及格，因連續兩學期皆如此，須試讀且減修學分，但第四學期若所選修科目再不及格，就會被勒令退學。

我不但面臨許多科目要重修，要是所選修科目再不及格，還有被勒令退學的危險。這才警覺到事態嚴重，要是再不積極用功或謹慎選課，這得來不易的求學機會就要失去了。於是在第四學期，也就是二年級的下學期，開始選擇比較容易過關的第二外國語──日語來修。果然我日語念到國小五年級的基礎派上了用場，期末考時，我考了九十七分，輕鬆獲得三個學分，而化險

為夷通過試讀。同時在該學期提出申請轉系到法律系，這樣一來，之前所念的台大夜補班選修二十四學分，也獲得抵免選修，這才解除我差一點被退學的危機。

三年級開始，我逐年增加選修學分，由於還要補修一、二年級不及格科目，有時得到低年級的教室上課。尷尬的是，我有好幾次都在上課鈴聲響起，看見進來站在講台上的老師不對時，才發現自己走錯教室，只好尷尬的站起身，向老師鞠躬道歉之後走出教室，再找到自己的選修教室去，向另外一位老師鞠躬道歉，報告因為跑錯教室才會遲到，請老師原諒。

由於我的課業壓力越來越沉重，而且我白天要上班、晚上下課回家還要做手工，平常功課預習與複習的時間都不夠，原本對於期末考有些擔心。幸好，公家機關每到期末考，就特別賜給我四個星期的特別休假，讓我有時間在家加強複習功課，演練各種法律實例，充分準備期末考試，讓我順利在民國六十二年六月修滿畢業所需的一四九學分，取得法學士的學位。另外，我還充分利用學校資源，在畢業之前，還在星期日加修了十六

學分的教育學分，取得擔任國中教師的資格。

　　對我來說，里幹事並不是我所喜歡的工作，所以在台大夜間部就學期間，我就特別向原鎮公所財政課的許根勇課員請託，並遞上我的履歷，希望他將我推薦給財政科連科長。

62.6 台大夜間部畢業取得法學士學位

　　承蒙連科長不棄，看見我的履歷後說：「工作之餘還到台大夜間部上課，也具備高商學歷，很適合財務工作，就請局長調派他為財政科辦事員吧！」也因此，我在民國五十八年七月一日起，正式成為財政科的一員，並且開始承辦所屬機關學校財產管理及審核預算之執行成效。由於我採用比較嚴謹的方式控管財產及預算執行審查，將部分機關學校財產列報不符或報銷部分均予列表更正，使財產管理及預算之執行逐漸步上軌道。

　　在財政科工作一年半之後，頗獲長官連科長之賞

識，有意調升我為科員，但當時我大學夜間部還沒畢業，即使陽明山管理局對進修夜間部的同仁都提供提早一小時下班的福利，我每天下班後趕往羅斯福路四段台大校園，還是偶有遲到的記錄，實在不敢在此時讓自己的工作量因升官而加重。

只好婉謝長官之提攜，而放棄升官一途，並於民國五十九年十二月底離開陽明山管理局，轉調到交通較為方便的士林區公所，繼續擔任里幹事。

那時之所以選擇放棄升官，是因為我知道現在更想做的事情是投資自己。若是因選擇了升遷，導致工作與課業皆無法顧上，最後兩碗水都被打翻，那可真是後悔都來不及了。

因此當機會來臨時，檢視自己是否有足夠的能力應付也是極為重要，我評估自己的狀態後做出選擇，努力不被「升官」二字可能帶來的喜悅沖昏頭，慎思熟慮後做一個不令往後的自己遺憾的決定。

「要不要拚拚看呢？」也曾在心裡偷偷問自己。

如果我往前衝，也不過是再經歷一場失敗罷了。但

是在明知道會失敗的前提之下，還要去下一場注定淒涼收場的豪賭有什麼意義呢？

有勇更應當有謀，已經有多少倒在有勇無謀之下的前車之鑑，所以我期許自己每一次都能思慮明淨、睜大眼睛，想清楚之後再做出判斷。

我的堅持，是能安份謙虛、也能勇猛前進。猶如潛游於水面之下，既隨時準備一躍而出，也隨時準備入於淵中繼續鍛鍊自己。

先想一想80歲的時候想要過怎麼樣的生活，就知道在兩難中哪一件事情比較重要，及應該如何決定。

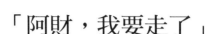

「阿財，我要走了」

　　民國五十九年八月間，已經七十一歲的母親，忽然覺得肺部不適，身體也倍感虛弱，到台北仁愛醫院看病，經醫師診察肺部之氣管有異樣而住院檢查，經切片檢查，結果證實母親罹患肺癌且癌細胞已經有擴散的趨勢，只好繼續住院治療。當時我正在陽明山管理局服務，母親和我們一家人住在永吉路租屋處，而位於仁愛路的仁愛醫院與家裡有一段距離，需要搭公車才能到達。

　　此時紅梅要照顧家裡兩個就讀國小、兩個還未就學，總共四個孩子，實在分身之術，無法每天陪母親待在醫院。只好由我向財政科請休假四星期，陪侍母親住院。白天在醫院照顧母親，晚上到台大夜間部上課前，先餵母親吃晚餐、服藥，盥洗換好衣服後，才趕去羅斯福路台大夜間部上課，九點半下課後又趕回仁愛醫院，睡在病床旁的涼椅，陪伴已經入睡的母親。住院四個星

期後，醫生囑咐可以出院了，才將母親接回板橋沙崙三兄有亮住處休養。

翌年八月二十七日，母親忽然要三兄火速趕往台北永吉路，用機車載我來板橋沙崙見母親最後一面。我抵達時，已經是上午六點半，母親毫無生機的躺在床板上，雙眼緊閉，無法進食，我坐在床緣將母親抱在懷中，輕聲呼喚著母親。

「阿母……」

一會兒之後，母親果然緩緩睜開眼睛，我們用棉花棒不斷沾水滋潤她的嘴唇。緊皺著的蒼白雙唇，顫顫巍巍的開合了幾次，氧氣在之間掙扎穿梭。

母親用緩慢無力而微小的聲音說：「阿財，我要走了，把你的身體照顧好，也把孫子照顧好！」

交代好後，忽然間頭低垂靠在我的懷中就撒手人寰，安詳的走了。

我摸著她操勞一輩子的手，好似還從她手中接過添飯的碗。輕撫早已滿生的華髮，那兒也曾烏黑亮麗，卻難敵無情的歲月。臉龐此時還溫熱著，就像平常夜晚入

睡一樣。我的淚已如氾濫的洪水，縱橫侵蝕著我的心，只是明天再也不會有母親了。

雖然母親只留下短短的幾句話，對我來說卻意義深重，她依然忘不了往日母子的坎坷生活，心中充滿愧疚，希望我顧好身體，就是要我保住最重要的根基。迄今我退休仍繼續打拼十一年，至古稀之年，練習寫作個人傳記並付梓數次；三子一女相繼效法我奮發向上的精神，業餘完成大專、研究所碩、博士，進而創業有成。

若母親在天上看著我們，想必應該是和父親相視而笑吧！

在心中對人之間的情感保有純粹的依賴，讓自己有一塊他人無法糟蹋的美好。

Chapter 7

鯉魚一躍破龍門

漸漸地能感覺到手中泥土
傳來陽光的溫度，
再漸漸地，終於刨開了泥壁，
抬頭正好看見一朵白雲飄過藍天

當一回毛遂

　　民國五十八年七月調到陽明山管理局財政科不久，我的同學兼前同事張萬福也被調到同局民政處，我們很有緣的再次成為同事。而我於民國六十年一月離開陽明山管理局，改調到士林區公所服務時，張萬福則被調到經濟部訴願會辦理訴願業務。

　　張萬福到經濟部之後，沒有忘記我這個摯友，積極協調經濟部人事處寫商調函到陽明山管理局，並徵求原服務單位士林區公所同意我派任到經濟部。

　　但商調函到達陽明山管理局，準備轉往士林區公所會簽時，遇到一點小麻煩。因為區公所人事室王主任對我表示，目前基層人員不足，所以他無法同意我調任經濟部。我得知此消息後，趕緊藉由每週三局長暨各單位首長接見民眾的機會，將經濟部商調公文呈請林區長會簽，以免被區公所人事單位駁回此事。幸好林區長核閱後當場會簽同意，我也在民國六十年九月順利接到經濟

部孫運璿部長派令，任命為經濟部的辦事員。

剛調到經濟部訴願會時，我致力於簡化訴願文書作業，提升工作效率，加速民眾訴願案件進行，以便迅速結案。每一件訴願決定書，都附上了決議的六種處分態樣單，例如：□1.不受理、□2.駁回原訴願、□3.部分駁回與部分撤銷、□4.單獨撤銷原處分、□5.撤銷原處分並做適當之處分、□6.撤銷原處分改正原處分等，並在那一種處分的方框內打勾，俾便執行秘書審核決行，並迅速回函給訴願當事人。

在經濟部擔任四等辦事員三年，本來該升任薦任職八等科員的，但因為我沒有高考及格資格，而無法升任。

於是我鼓起勇氣，毛遂自薦，請長官提攜。

當時主管訴願會的劉政務次長，恰巧是我台大夜間部商學系系主任。我知道劉政務次長主管的另一個單位，為了因應民國六十二年八月世界能源危機，而成立的物價督導會報，編制人員尚未補齊。於是寫了一封信，給劉政務次長，全文如下：

○○恩師尊前：

年餘未聆教誨，至深感念，生肄業於台大商學系期間，辱蒙吾 師多方培植，得能於六十二年夏順利畢業，此恩永難忘懷。平時因與吾 師同在經濟部任事，又是長官，鮮少修書請安，甚以為歉！今忽然冒昧瀆陳，驚動吾 師，敬請鑒諒。

敬懇者，生現服務於訴願會任四等辦事員，辦理文書收發工作已有三年，與所學志趣相去甚遠，殷望能有機會將所學貢獻綿力，惟事與願違，迄今仍未能如願，欲調換工作崗位又苦無機會，頃聞本部行政機關懸缺待補，可否在於投資會或物價會報賜予一薦派職位（按薦派資格需大學畢業曾任委任職四年以上）。如蒙吾師不棄，懇請賜予提攜，俾便追隨吾 師學習，謹附上簡歷表一張，敬祈吾師惠賜提拔為禱，肅此奉懇。

敬頌

教安

生○○○謹上

六十三年六月二日

劉政務次長看了我的自薦信後，欣然同意依照派用人員派用條例，將我於民國六十三年八月調任物價督導會報薦派組員，也就是由委任辦事員調升薦派組員。

　　升官了，薪水自然也跟著調高。雖然用金錢來衡量存在的價值，顯得我像個粗鄙的村夫，但是多年來的辛苦，在這一刻用最直白的方式告訴我，一切都值得了。

　　我花了大半輩子，想在洞裡鑿一條出路，曾經選錯方向、也曾累得不想動，長時間的黑暗讓我嘗盡失敗與苦痛。漸漸地，我能感覺到手中泥土傳來，傳說中陽光的溫度，再漸漸地，終於刨開了泥壁，抬頭正好看見一朵白雲飄過藍天。終於揮別過去二十年的貧窮生活。

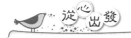

從心出發

若不是出於自戀，自己能欣賞自己的時候，旁人也容易被說服加入欣賞的行列。

一起來猜謎

　　七十三年一月二十六日在會議室舉辦聯歡晚會，由於剛好輪到調研組第四科主辦籌畫，並指定我統籌各項事宜。我以猜謎作為猜獎活動，並以物價會報共六十人員工姓名為謎底，將員工姓名以成語隱喻其特徵做出謎面，寫在長條紙放在捲筒中，捲起來用雙手舉起，由兩位女同事念出謎面，請大家猜某一員工姓名，猜中者發給獎品，謎面共做出十二題，活動中參加的同事都在喃喃自語地回想同事的姓名，吱吱喳喳的討論聲此起彼落、熱鬧非凡，事後長官讚譽有加。

　　十二題謎面如下：

謎語	謎底
鐵騎雄兵，凱旋歸歌	馬泰成
金城四壁，樹木叢生	林益裕
好漢當兵，歡欣鼓舞	張自強
旭日初生，和風拂拂	陳朝威

民族幼苗，綿綿不絕　　周人初

奇葩異卉，待價而沽　　賈文琪

扶渠出水，其樂融融　　陶　鎔

敬奉尊長，萬古流芳　　趙秀鳳

伸展抱負，光宗耀祖　　張顯榮

樹木叢生，披肝瀝膽　　林義昭

太平盛世，海闊天空　　張光裕

百年樹木，利用厚生　　林有財

羨慕也沒什麼不好，表示還知道自己有所不足。重要的是羨慕之後要付出行動有所改變，而非溺於欣羨後形成可憎的嫉妒。

重要的黃豆

　　物價督導會報是為了確保國內民生物資供應無虞而成立的單位，另成立黃豆❶平準基金委員會，辦理進口黃豆差價貼補及追收差價事宜。我剛轉物價會報時，被分派在調查研究組第四科，承辦與物價相關的穩定物價方案、法令之解釋、編撰施政報告、分析工作報告，以及兼任黃豆平準基金會幹事，辦理追收進口黃豆差價等訴訟工作。

　　政府之所以成立黃豆平準基金會，是因為民國六十二年世界糧食恐慌，黃豆原產地飆漲，當時價格已漲到每公噸C&F❷為五四〇美元，非一般進口黃豆業者能承受的價格。眼看國內黃豆即將匱乏，影響民生物資

---

❶黃豆即大豆，是豆腐、豆漿、豆皮、醬油及沙拉油等的基本原料。

❷C&F為Cost and freight的縮寫，即成本和運費的價格，是進口物資的計價方式。

供應，民眾日常食用的豆腐、豆漿、豆皮、醬油及沙拉油等，都會使用到黃豆。於是經濟部訂定進口黃豆基準價為每公噸C&F二二〇美元；高於此基準價則由國庫予以貼補其差

作者任職經濟部物價督導會報調研組第四科專員時（筆者前排右一）

價；低於基準價則收回其差價歸還國庫。

　　直到民國六十三年一月二十七日，黃豆產地價格回跌，經濟部才將進口黃豆基準價調高為每公噸C&F二七八美元，以減輕國庫貼補負擔。在調高基準價的前一天，經濟部派員前往各地進口業者調查黃豆存量，以做為追收差價之依據。

　　但部分進口黃豆業者認為市面價格並無回跌而抗繳並提起訴願、再訴願，均遭經濟部暨行政院駁回。亦屢經催繳，除有部分業者願意分期繳付外，尚餘二十二家仍頑抗不繳，不得已簽請孫運璿部長核示裁奪。我在文件中提出了兩個解決方案，一是繼續協商，催繳分期繳納，二是屢經協商仍抗繳，擬委託律師提起民事訴訟。

　　孫院長批示我採行第二辦法。而我所擬的簽呈字跡工整，且言簡意賅，孫院長當場讚揚，還交代秘書人員，將我的簽呈影印傳閱各單位。要各單位日後所擬簽呈，比照我的簽呈，字跡不要潦草，以節省長官批閱簽呈的時間，此事一時在經濟部傳為美談。

　　自民國六十五年一月的簽呈被部長核准之後，黃豆基金會就委請律師向二十二家進口黃豆業者抗繳五十八美元差價一事，向其管轄地方法院提起民事訴訟，至民國七十二年一月間判決勝訴確定。進行強制執行結果，有的廠商倒閉、有的願意分期繳付而和解、有的無財產可供執行法院發給債權憑證、有的將製油機器轉賣他人聲明異議，均經執行人員會同專家勘驗估價，已無剩餘價值最後取得債權憑證，經過五年餘的訴訟強制執行結果，陸續追回欠繳差價達八成，並獲選為七十二年度經濟部所屬機構優秀員工，榮獲趙部長獎狀及獎牌表揚。

73.4.14 被遴選為優秀人員，由經濟部長頒發獎狀

姓　名：林有財

年　齡：五十一歲

服務單位：物價督導會報

職　稱：專員

表揚事蹟：

一、承辦追收黃豆差價訴訟工作，認真負責，維護進口黃豆基金制度，甚具績效。

二、對於物價會報主要經濟指標，供需價格表報之製作編訂，均能潛心設計，並具創意，尤能研討改進，對工作簡化之推行及工作效率之提高，貢獻良多。

三、對於穩定物價執行情形報告之編報及物價管制辦法草案之修訂，思慮縝密，影響動員時期物價管制法令之撰訂，不遺餘力。

獲選經濟部七十二年度優秀人員表揚事蹟紀念冊

善於邁開步伐主動出擊，才能用快、狠、準的方法取得競爭中的優勢。

要不要當好人？

　　民國六十九年七月間，曾奉行政院令經濟部指派物
價會報調查研究組組長陳朝威和我兩人，前往日本、韓
國、新加坡三國，考察亞洲鄰近國家房地產價格變動狀
況，及當地政府採取的對策，為期二十天，以作為我國
研擬穩定房地產價格及管理政策之參考。

　　我們將韓國首爾、日本東京、新加坡與我國台北市
的房屋售價相比較，都較鄰近三國的都市房價便宜，卻
發現我國的平均居住水準都較鄰近三國都市為高，因為
每人每戶平均所佔房屋面積台北市為4.5坪，比首爾2.9
坪、東京3.4坪、新加坡3.46坪都較大。首爾郊區國宅每
坪合台幣四萬三千元，但黑市交易每坪合台幣七萬二千
元；東京郊區公寓每坪合台幣十六萬元至二十五萬元，
政府興建的公園住宅每坪合台幣十三萬元（只有使用
權）；新加坡政府新建的國宅組屋每坪合台幣二萬二千
元（不含土地），市區內每坪合台幣二萬九千七百元，

民間興建公寓每坪合台幣六萬五千元至七萬五千元，近郊新社區的國宅每坪合台幣十七萬二千元，市區內政府國宅合台幣十九萬元至二十萬元、台北市天母地區每坪六萬元至七萬元，民生社區每坪八萬五千元至九萬五千元。但台北市的空地比方面遠不如鄰近三國都市，由於日本、韓國、新加坡三國皆為實施容積率管制國家，整個都市計劃或新社區公共設施皆預做完整規劃，比我國台北市地區進步而周延。

69.7.28 參觀東京郊外民營建設公司興建住宅大廈，地面一層四周空地充分利用開闢游泳池為市民提供健身運動，很有創意。

　　新加坡最後一站考察完畢，到樟宜機場出境排隊登機，準備返國時，一位揹著小孩的老太太，走到陳組長及我面前，拜託我們幫忙攜帶行李出境。

　　由於素昧平生，加上我們所攜帶的三國房地產資料重量也不輕，我第一時間就予以婉拒。不料，這個舉動讓和我同行的陳組長頗有微詞，即使他出面求情，我依然堅決不肯幫老太太托運行李，認為我太過不通人情。回國後陳組長向長官報告考察情況時，還不忘提及我在機場不服從他的命令，拒絕幫老太太托運行李的事情。

　　幸好，長官分析後認為：「這並非職務上的命令，林專員可以不受此命令約束。況且，萬一海關查出裡面有違禁物品，林專員不就跳到黃河也洗不清了。幫人攜帶行李，本來就該慎重行事。」

　　民國七十年六月七日，我代表物價會報，與商業司蕭慶安、高惠民、法規會王啟東、訴願會林石根、國貿局王圭容等一行六人，前往日本交流協會參與「研習消費者保護制度」會議，為期一個月。另外，還參觀東京都及神戶國民生活中心，處理消費者申訴案件績效及保

護消費者措施情形，並聽取簡報，至七月六日研習完畢返國。

70.6.9 赴東京都國民生活中心聽取保護消費者情況簡報（筆者左七）

> 世界上可能沒有善有善報、惡有惡報，寧可相信自己謹慎細緻判斷的結果，再適切的給予反映。

兩個字生緣起緣滅

對黃豆平準基金會不餘遺力的貢獻，使我於七十三年七月調升科長，並負責辦理研究發展及考核業務。另外長官呂副執行秘書指示增加黃豆基金會及檔案資料室兩項業務，因呂副執行秘書主事後，首次大刀闊斧改革各科業務並積極推動，以示均衡的推展的決心。

到了民國七十八年六月間，我已擔任科長將近五年，有一則行政院來函追蹤考核辦理情形彙報、分案物價會報，且由我承辦，前曾函請各附屬單位辦理在案，因此就以經濟部函請各附屬單位填報辦理情形，擬稿寫主旨「貴管……辦理情形填報以便彙報」等語，而行政院來函主旨亦如此敘述，係對下屬機關之尊敬語。部稿呈由呂副執行秘書核稿時，卻叫我到辦公室。

嚴肅的對我說：「以後對下屬機關不要用『貴管』二字！」

我只能說明行政院對下屬行文可用「貴管」；而經

濟部對下屬行文則禁用「貴管」，而有些詫異，如此當面糾正，有點矯枉過正，我就脫口而出：「如此挑剔就另請高明吧！」接著走出長官辦公室。

回想往昔和長官同在調研組第四科，我早半年到差，他來後就與我比鄰而坐，相互切磋研討案情、解惑，可說是昔日的戰友。而他一路青雲直上成為我的長官，也不忘舊情拔擢我為優秀員工當上科長，為了使我充分發揮能力也開闊我的工作內容、加重職責，對我十分的器重。如今為了「貴管」二字惹來長官的不悅，著實始料未及，心中也覺得非常遺憾！

但我已遂萌生退休念頭，而在物價督導會報將改制升格為行政院公平交易委員會前夕，任職公務人員已屆滿二十五年，於是在七十八年八月一日以健康理由自願退休獲准，離開公職生涯，斯年五十七歲。

78.8.1 請准退休銓敘部核發月退休金證明書

Chapter 8

流浪之花尋根

不斷的搬家，
使身分證背面的地址變更欄
幾乎全被填滿，無空處可寫。

今日交屋的第一天，
大家興高采烈躺在地板上，
因為我們終於有自己的房子了。

「我的」房子

　　民國六十一年二月，也就是轉調到經濟部的第二年，我分配到中央公教住宅貸款名額，能貸款十三萬，於是在永和市福和路買了一間二樓的房子，那棟公寓樓高四層，我們購買的二樓坪數並不大，只有二十三坪。當時每坪售價為八千元，總價十八萬餘元，貸款十三萬，尚不足五萬餘元，則由紅梅向小姨子調借。

　　交屋的第一天，全家人興高采烈躺在地板上，因為我們終於有自己的房子了。

　　回想過去到處租屋，害得兒女經常要轉學。尤其是長子林濟民，他國小一共念了天母士東國小、北投石牌國小、松山興雅國小、士林國小、永和網溪國小等五所小學，幾乎是平均一年轉一次學；次子林濟生也轉了三個學校。全家人身分證背後的地址變更欄，幾乎全被填滿，無空處可寫。自從民國五十一年，我們一家人搬出樹林到台北公賣局宿舍開始，不到十年的時間，我們平

均每九個月就搬一次家,現在總算有了自己的家,心情格外舒暢,隔年民國六十二年六月,我也順利從台大夜間部畢業。

筆者與妻住進新居時合影

　　為了償還向小姨子所借的五萬元,紅梅也自民國六十二年六月一日起,開始到新店通用電子公司當裝配員,做半導體半製成品檢驗篩檢作業。為了不影響做家事,她選擇下午四點半到晚上九點半共五個小時的小夜班。每天上午等三個兒子都上小學後,便開始做家事,並在下午四點前做好晚餐。然後為了上夜班,將尚未就

學的七歲女兒，托給隔壁鄰居廖太太，請她過來家裡一邊打毛衣，一邊陪女兒，直到三個兒子放學。

　　紅梅很勤勞，每天都提早上班準備篩檢材料；下班後則獨自收拾零散材料妥當才下班，由於紅梅的義務服務，使領班總是將加班機會留給紅梅，連星期日都指定她加班，光是加班費每月就有萬元，也才有餘力參加同事間的標會，以償還房屋貸款。

　　而我則於五點半下班後，走路回家，到家大約是六點左右。和三個兒子輪流洗衣服、洗碗盤、做功課，等紅梅晚上十點下班，回到家也已經十一點多，孩子們早已進入夢鄉。

　　心中有愛、有牽掛，使心的力量變強大，所以不必害怕付出，那會是你堅強的理由。

英文字母卡

　　這樣年復一年，我們也陸續換了景美、和平東路、木柵三處房子，紅梅持續搭公車去上班，從無間斷。孩子們長大後，也紛紛出去打工賺錢，存錢買車。

　　想到媽媽晚上工作辛苦，有時長子、次子不約而同想接媽媽下班，卻在媽媽公司門口相遇，只好由長子送媽媽回家，次子則送媽媽的同事回家。這讓紅梅的同事們，對我們兩個兒子的孝行，稱讚不已。

　　紅梅原本不諳英文，看不懂英文二十六個字母，而她的工作需要篩選半成品的儀器，有時領班姍姍來遲，她又看不懂英文字母不敢開機，不免耽誤了工作進度。紅梅為了認識英文字母，特別向兒女們請教，讓他們輪番測驗，連英文字典、卡片全都拿出來考媽媽，形成一個有趣的畫面。

　　經過一個月的密集特訓，紅梅逐漸能認出英文字母，並能完成開機程序，同事們都嘖嘖稱奇。直到民國

八十年十月通用公司公布一則優退方案，只要服務十五年以上即可退休，另加發半年薪資，紅梅才在與我商量過後，決定於八十年十二月提前退休，上班十八年六個月的打工生涯，就此畫下句點。

內子魏紅梅（左前一）至電子公司值夜班篩檢儀器前作業情形

自民國六十一年二月購置永和公寓開始，我每天都以健行來取代乘坐公車，上下班都走路往返各二十分鐘，風雨無阻約走了五年半。後來於民國六十六年九月換屋到景美羅斯福路五段興隆路口，上下班照樣也走路，經過汀州路到經濟部，約三十分鐘，走了十多年。

直到民國七十六年八月搬到和平東路三段崇德街之後，才開始以50c.c.機車代步。

我們會選擇換屋到和平東路三段崇德街，還有一段小插曲。當時長子林濟民從金門服完預備軍官退伍，回到羅斯福路五段住家時，由於房間太小容納不下，本來打算讓他去住我們於七十四年初在內湖購置給女兒，讓她在文德女中就學之用的三十五坪空房，長子覺得太遠不方便，扛著旅行袋就打算到對面大樓租屋。這才讓我們夫妻倆驚覺非換屋不可，於是在星期假日與紅梅帶著報紙的售屋廣告到處看房。

一直看到和平東路三段崇德街富邦建設新蓋房屋時，聽到售屋人員說：「一樓三十七坪樓中樓尚有二戶，可以來挑選，一坪單價不到九萬，總價三百三十萬，你只要先付二十萬訂金即可簽約。」讓我們夫妻倆十分心動，隨即到一樓察看後，決定回去籌足二十萬簽約，而賣掉內湖路二段的三十五坪房子，剛好夠付自備款的一百八十萬。另外的貸款一百三十萬，則在辦妥所有權登記，於七十六年八月入住後，再賣掉羅斯福路

二十三坪住屋，其中一百二十萬先還掉大部分貸款，剩
下的三十萬，則留給三子、女兒赴日留學之用。

勤於學習與工作，不但能充實精神資源，也會不知不覺因為
自信變得光彩照人。

兩個人，兩隻狗

　　由於和平東路的房子，一家人住起來還是有點小，所以決定再換一間坪數較大的房子。

　　這回我們鎖定郊區新建的房屋，除了每天聚精會神的閱讀房屋分類廣告，也將和平東路的房子委託給太平洋房屋銷售。沒想到，民國七十八年八月一日，退休生效日第一天上午，售屋小姐突然帶客戶來崇德街看屋，而且對方一看就中意，隨即約在下午到信義路太平洋房屋公司簽約，以一二五〇萬元成交，並以一個月限期交屋，否則沒收尾款。

　　這下子，我們尋覓新屋的動作就更加勤快了，眼看一個月限期逼近，終於在八月十八日找到位於木柵政大後方新建預售屋，有六房二廳三衛的樓中樓。是一間已經轉了二手的預售屋，外牆磁磚已貼好，只要內牆粉刷油漆之後，就可以入住。我們以九百二十萬元買下這間房子，不過此時出售房屋的交屋限期只剩下兩天。

　　情急之下，只好在八月三十一日租下八德路原公路局中崙站旁，約四十坪的公寓地下室，雖然沒有自來水供應，但由於月租僅需兩萬元，算是相當便宜的。就這樣，長子和次子去暫住同學家，三子、女兒已出國，剩下我們夫妻倆和兩隻狗，暫時窩在沙發椅上，等待新屋裝潢完成。

　　中崙公寓的地下室並無隔間，堆滿家具後，也只剩下些許的活動空間。每天早上起床，得走路到對面公路局的車站取水，順便盥洗、洗衣服及溜狗。下午三點左右，紅梅還得搭公車到新店寶橋路通用電子公司上小夜班，回到地下室就寢，已經是十一點多了。

　　不久後，我們新購的木柵樓中樓總算完工，我依約將四百五十萬一次付清，建商也允諾我們提前交屋。於是在民國七十八年九月八日，我們就從中崙站旁公寓地下室，搬到木柵新建樓中樓。搬家後交還租屋鑰匙與屋主，屋主還表示，我們實際上只住了一星期，他願意減收五千元房租，讓我們十分感激。

　　新購木柵樓中樓分三層樓，第三層樓有三房，分由

三兒子居住；第二層樓有二房，一房由女兒居住；另一房做為電腦室，並有一道走廊，除擺設神明桌外，靠牆放置鋼琴由女兒彈奏；由二樓走廊，走下樓梯通客廳，左轉彎通第一層樓，餐廳、廚房及一房則由本人及紅梅居住。處理好住居事宜後，抬頭一望屋前楓葉樹漸漸在落葉，才知「見一葉落而知歲之將暮」。

隨時假設自己處於危境之中，保持內心謹慎恐懼，以終日自強不息，便能悠然自得地面對不斷變化的環境。

小屋換大屋

　　回想從民國六十一年二月承蒙中央核貸十三萬元，
自購永和公寓二樓二十三坪房屋，才有棲身的地方開
始，一直到七十八年九月換屋到木柵指南路三段公寓一
樓五十七坪房屋為止，十七年間共換屋三次。

　　第一次在六十六年九月是因長子升學東南工專交
通不便問題，換屋至景美羅斯福路五段住五樓，也是
二十三坪。第二次在七十六年八月，也是因長子服兵役
退伍房間太小問題，換屋至和平東路三段崇德街七樓公
寓的一樓，三十七坪使用五十坪。第三次在七十八年九
月，是因房價飆漲以所賺的價差換購郊區較大坪數的木
柵指南路三段四樓公寓的一樓五十七坪。

　　十七年來我和紅梅二人秉承俗諺「夫妻二人同心，
其利斷金」的信念。除同心協力，也勤儉持家，一點一
滴慢慢累積起來的成果，就是集腋成裘之謂。尚有地方
繁榮所賜，使房價飆漲而一夕致富，才有實力購置較大

坪數的郊區房屋。加以紅梅有了永和房屋後，就以家庭
主婦自動加入就業行列，到電子工廠日以繼夜加班，以
時間換取金錢，共同為小屋換大屋的計畫承擔償還房屋
借款，更是難能可貴，使我減輕許多負擔。同時給孩子
們做了理財的榜樣，只要努力，沒有不能克服的事，也
成為我的座右銘。

現在四個子女，除三子濟元留美取得電腦博士擔任
助理教授，在美國成家立業而未返鄉外，長子、次子、
長女相繼在木柵住所完成終身大事，並且都創業有成。
長子濟民在桃園經營室內設計公司、次子濟生在台北保
險經紀人公司擔任總監職務，二人在桃園及台北都擁有
房子。長女麗娟留日服飾設計專校，曾經參加一九九一
年十月在東京舉行的留學生服裝設計比賽中，獲得第一
名，獲頒獎金日幣二十萬元，為國爭光，並與日人同事
內田先生結為連理，育有一女一男，在夫家經營手飾及
化妝品生意。

Chapter 9

夢想綻放醉人香

三子於美國進修每月生活費約四萬元、
女兒在日本留學每月生活費約三萬元,
而我的退休金每月只有四萬元,
為了幫兩個孩子籌措留學費用,
我決定再度就業。

孩子們，阿爸愛哩

　　公職退休之後，之所以會選擇再度就業，主要是因為三子濟元及女兒麗娟升學及就業受挫，有意赴國外自費留學，需要我的資助。如果書念到一半，錢就用光了，會發生進退兩難的尷尬處境。但三子林濟元在美國加州私立國際大學每月約需四萬餘元，而女兒林麗娟在日本東京田中千代服飾專科學校每月約需三萬餘元，合計七萬餘元。以我的月退四萬餘元，尚不足三萬餘元。為了幫兩個孩子籌措留學費用，我決定再度就業。

　　女兒林麗娟唸完日語先修班後，翌年民國七十九年四月，考上私立東京田中千代服飾專門學校就讀。我也於同年四月一日赴日本橫濱打工三個月，每個月獲得三萬餘元薪資，順便照顧女兒。女兒從日語先修班就開始打工，工作態度很認真，深受老闆信賴，破例准許半工半讀的她，可以彈性上班，什麼時間打卡都行。民國八十一年三月畢業不久，與同在電氣公司打工的日本人

內田先生訂婚，並到夫家幫忙經商，這才結束我資助女兒留學的日子。

此時，只剩下三子林濟元的留學費用需要我資助，他從民國八十一年一月先修美語到入學大學部、碩、博士研究所，經過七年餘才博士班畢業，成為學校的助理教授。直到此時，我才終於卸下家中的經濟重擔，並於次年的民國九十一年六月三十日，從保全公司退職，結束我十一年的二度就業生涯。

對世界充滿好奇，並保持參與感，讓人在有限的生命中，增加生命的價值、延長呼吸的意義、看見更多美麗的色彩。

阿伯快遞

　　我從五十七歲開始，都是看報紙應徵工作，只要錄取就毫不猶豫的立即上班，因為我滿腦子都在想怎麼幫兒女籌措留學費用。

　　而我應徵到的第一份工作是當快遞，會選擇這個行業，是考慮到它是論件計酬，工作時間又比較彈性。於是，民國七十九年一月一日看了報紙人事分類廣告，就直接到晉江街的九六快遞公司應徵外務員，收送文件、包裹。

　　老闆娘很熱情，看見我備妥履歷表去應徵，就說：「歡迎加入快遞工作行列，快遞工資係按價目表三七分帳，並依個人收送件數之多寡而定，送件越多累積件數就越多，次月五日發薪的同時扣除勞工保險費，有關收送件注意事項，由電話服務小姐說明。」接下來，則由電話服務小姐說明工作相關規定後，就發給我一本簽收二聯單及價目表，並且將第一件取件公司地址告訴我之

後，就要我騎著機車前往取件，寫好二聯單送達目的地，由客戶簽收後，打公共電話回報公司，或是借用客戶的電話回報。此時電話小姐會告知我，下一站前往哪裡取件，如此往返取件，從上午九點到下午一點可跑十二件，送件完後回到木柵家裡吃午餐，下午就在家休息。

　　由於我的50c.c.機車速度，比起其他快遞員100c.c.以上的機車，慢上許多，送件數量始終無法提升。我第一個月領的薪水還有一萬兩千多元，第二個月一萬元、第三個月只剩八千元。快遞這個行業，要全天勤快的跑，才能送比較多的件數，獲得較高的薪水。而且有些地址並不好找，加上有些包裹體積大、數量多，更有些人會等到了現場才開始包裝，而耽誤到我們快遞員一天的送件數量。

　　有時遇到數量不只一件，體積又太大的包裹，就得綁在機車後頭，到達目的地之後，還要分兩次進電梯及走廊。像是從郊外取回來的服飾樣品，50c.c.的機車根本放不下，只好勉強用繩子捆綁在坐墊上，只剩下前端

一點點坐位,坐位前的空間再夾一大包,使得雙腳懸空無法踩到踏板,加上怕包裹掉落不敢騎太快,只能慢吞吞的騎到市中心的大樓送件。

三大包又不能一次搬進電梯,先搬進二大包,在視力範圍所及邊進電梯邊看剩下的一包,回頭到電梯外拿一包進電梯內,分二次進入電梯。出電梯也分二次搬出後,又得走過一條環狀走廊,拎著二大包包裹走到前端,又回去拿一大包。如此反覆推進,走到盡頭又轉彎,花了十五分鐘走完全程。進入辦公室填寫二聯單給客戶簽收後,還得將三大包分兩次送進辦公室給內部的小姐。光送一件就已經過了中午,只好就近買個麵包果腹。

有時到國宅社區收件,由於棟距很大,社區棟數又多,有些分成A、B、C、D、E棟、有些分成巷弄,得分清楚前後左右棟之標示,才有辦法順利抵達取件地點。有時要穿過地下室去尋找反而來得快,再坐電梯上樓取件,往往要花上十分鐘以上才能到達,到達後還要等人包裝完成才能取件,耗費相當多的時間。

　　有一次，客戶要求我星期六中午十二點前，取回三家銀行結匯許可證，如果辦不到就要換人去取件。我基於服務客戶的心態，即使當時已經是十點半了，還是點頭答應了。算了銀行路程遠近，每家銀行都不能超過半小時以上，於是拿著三家銀行原申請書存根及領據，直衝第一家銀行外匯部櫃台，不一會兒就完成任務。再衝到第二家銀行時，有五、六人在排隊，經過數分鐘才輪到，拿到許可證已經十一點四十分，超過十分鐘。

　　到第三家台銀總行外匯部時，時間已經接近十二點了，我跑步衝進櫃台，一箭步拿著許可證領據，舉起手大聲喊叫：「這裡還有一件，拜託！」

　　才剛說完，十二點的下班鈴聲就響起了。櫃台小姐抬頭一望，順手接過領據，抽出許可證後交給我，讓我順利完成任務。當我將結匯許可證送回貿易公司時，客戶對我稱讚不已，並打電話給快遞公司老闆娘，說以後他們公司的快遞，就全交給我去取件了。能獲得顧客信任，我也甚感欣慰。但由於要赴日本打工，只好結束了我短短三個月的快遞生涯。

日本國歌

為了支應女兒留學日本私立服飾專校所需費用，我決定於民國七十九年三月間至內湖許先生親戚在日本橫濱經營食品物流冷凍倉庫，應徵分派食品人員。

雖然這是一份夜間的三個月短期工作，只供宿不供餐，但每個月可領三萬四千元台幣，又可以就近照顧女兒，於是與紅梅商量之後，決定辦妥出國簽證，於民國七十九年四月一日啟程赴日，晚間到達橫濱時，倉庫人員來接送至宿舍，安排寢室。

次日晚間八點開始，進入冷凍倉庫工作到早晨六點，等物流食品全部裝上冷凍卡車後才下班，走回宿舍休息。白天到超市採購食米、食油、食鹽、速食麵點、料理速食包、蔬菜、蛋、魚、肉等簡單的食物回來，利用宿舍提供的電鍋及瓦斯、炒菜鍋具等，自行烹煮。晚上七點半進入倉庫前，再買一份日幣七百元（約合台幣一百七十元）的便當，八點進倉庫前吃一半，晚間一點

休息時再吃另一半。因為這份工作需要大量體力，必須吃點營養的食物，適時補充體力。

我們分派的冷凍食品以奶製品居多，其次是醬菜類食品，整打、整箱經過自動輸送帶，送到作業員面前。再由作業員依照上面的標示，將貨物分派到指定的台車集中。之後推到倉庫出口停放之冷凍卡車內，完成奶製品分派作業。等到冷凍卡車全部駛離倉庫，才能下班回到宿舍休息。

奶製品自動輸送帶的領班是一位日本人，他常以日語與我交談，說明分派作業快速且正確的要領。由於輸送帶的行進速度是固定的，如果手腳不夠快，就有可能錯過貨物，沒有及時分配到台車上。

我畢竟年紀稍長，手腳不夠靈活，有時會趕不上速度，而被領班雙眼直瞪，我只好對他微笑作為回應。久而久之，領班也習慣了，如果我速度跟不上，他就會在後面立刻接手，把貨物分派到台車上。

有一次，我無意間哼了幾句日語老歌，輸送帶另一邊的日本工作夥伴聽到了，直說好聽。一交談之下，才

知道我曾經接受過日本教育，聽到我說會唱日本國歌，還要我當場唱給他們聽，我唱完之後，他們還請我將歌詞寫下。原來他們雖然是日本人，卻早已不會唱日本國歌，連歌詞都不知道怎麼寫。

每個月五日發薪之後，我就坐電車到東京郊外女兒的租屋處，將我所領到的工資約日幣十二萬，交給女兒支付租金、學雜費，以及購買日常用品。女兒所租的房子是一間老舊木造房屋，約有九坪大小，租金每個月三萬日幣，雖然相對便宜，但需要自己修繕窗戶、紗窗、天花板、紙拉門等，也需要一些花費。

打工第三個月的某一天，一位王姓同事趁著休假到橫濱遊玩，因為想趕搭晚間十二點末班電車，抄捷徑橫過鐵軌搭電車，跑步衝上最後一部車廂的車門攀了上去。沒想到，電車立刻就經過橋梁，王先生的腳還沒有收起，腳跟就被橋梁旁的鐵柱削去了一大塊肉，腳踝的骨頭也被一併弄斷，王先生整個人跌落橋梁身受重傷。電車長聽到異聲，趕緊煞車下來察看，通知警察前來現場處理，並叫救護車將王先生送醫治療。

由於王先生的行為觸犯了日本電車運輸法，不僅醫療費要自行負擔，還可能面臨電車公司的求償。而宿舍管理員發現王先生逾假未歸，向警方查詢後，才發現此事。

管理員知道我熟諳法律且略通日語，便請我與他一同前往醫院探視。我們和王先生交談過後，知道他正在為了醫藥費和賠償問題傷透腦筋。於是我建議他和管理員，向日本的亞東關係協會領務處請求支援。

管理員一回到宿舍，就立刻打電話請求亞東關係協會支援，領務人員果然隨即答應，赴警察單位及醫院了解情況後，同意代墊醫療費用。雖然我解決了王先生的難題，王先生也很希望我繼續留在日本，但我的簽證三個月期限已經屆滿，只能婉拒他的好意，並於七月六日回國。

從心出發

尊嚴來自於行事不偏不倚後他人所給予的敬重，面子則由自卑與虛榮交織而成。尊嚴使人受尊敬，面子使人喪失機會。

零業績

　　回國一週之後，我到位於東區遼寧街晏永快遞公司應徵。櫃台服務小姐一看我的履歷，知道我當過快遞，就立刻遞給我一本送件簽收單及價目表，告訴取件地址、公司名稱。

　　就這樣又開始當快遞員，跑了兩個月餘，由於收送件數有限，八月初結算工資不到三千元，九月份結算工資也不到五千元。於是，我又到另一家叫捷和快遞公司應徵，同樣也拿到一本簽收單和價目表就開始收送件，這家快遞公司收送件數更少，兩個月結算下來，每個月工資不到四千元。

　　這時我才意識到，無上下班及年齡限制的快遞工作，酬勞實在太不穩定，該是轉換跑道的時候了。

　　民國七十九年十一月二十九日，我到東區永吉路一家房屋公司應徵外務員，做尋訪房屋的工作，工作性質有點類似現在的房屋仲介。老闆表示試用期兩個月，底

薪為六千元，每月至少外出尋訪三間房屋並提出尋訪報告，須分成仲介及買斷兩種，每月底結算，次月五日發薪。

我隨即開始盯著各報紙房屋廣告、海報、街頭巷尾之房屋出售定型廣告，找到廣告房屋就將地址、坪數、公寓或大樓、形狀、售價等記下來，騎著機車按圖索驥。

但大多數的屋主都認為，我們公司位在永吉路巷內大廈九樓，根本不會有路人經過，廣告效益不大，而不願意委託我們仲介。另外，買斷的部分也遭遇困難，房屋的價位既不能太高，地點又不能太差，還要考慮建築年數、所需裝修、廣告、契稅、代書費用等，加上必須通過估價專員的現場審核，其實並不容易。經過兩個月的努力，業績依然掛零，只好離職。

從心出發

失誤與挫敗是生命中常出現的過客，此時自我評量後調整施力方向再出發，不必一直拿失敗來折磨自己。

膽大心細的菜鳥警衛

　　過了年之後，我在家沉寂了一段時間，決定應徵固定上下班，有固定薪資，又無年齡限制的大樓管理員工作。於是在民國八十年四月二十一日，到長安東路某某大廈，應徵大廈管理員。

　　大廈的主委表示這份工作需值班晚上十一點到翌日七點，八個小時，薪水一萬五千元，不能在櫃台睡覺或打瞌睡，必須隨時提高警覺，維護大廈之安全，並自四月廿二日晚上十一點開始上班，就這樣我開始從事大樓管理員的工作。

　　每天晚上十點半自木柵騎機車前往長安東路接十一點之班，交班人員是一位六十歲、個子中等、操外省口音的同仁，交代大樓代收信件，包裹、管理費等事項後，便由本人接班。接著我要開始寫值班簿，巡視周圍停車場，再回櫃台值班。到了翌日六點五十五分，則是一位六十二歲，個子較大，也操外省口音的同仁前來接

班。

　　五月一日，本人輪值早班七點至下午三點，大樓主委前來櫃台交代我，夜班值勤人員不能有掛蚊帳睡覺等情事，如再發現就予以解雇。我隨即將主委的意思寫在值班紀錄簿上，沒想到另外兩位管理員一見到這段話，便惱羞成怒向我咆哮，認為我一個新進人員，憑什麼指揮老同事。

　　我無奈回應，那是主委交辦的事情，並不是我的意思，請兩位同事不要為難我。但此事已經引起兩位同事不滿，每天交接班時，總是給我臉色看，還說：「呦，對主委那麼好，有沒有分到什麼甜頭啊？」用諷刺的言語想讓我心裡不舒坦。由於同事之間的相處變得很不愉快，我也不希望引起不必要的紛爭，於是決定在六月廿三日離職，另謀他就。

　　我在離職前，就已經從報紙得知某大樓管理公司正在招募警衛，條件是年齡五十歲以下，需輪班，待遇優厚。雖然我已經五十八歲，但還是帶著姑且一試的心態，帶著履歷表前往應徵。

　　幸好老闆審視我的履歷表之後，認為我有法律底子，正是公司需要的人才，於是決定錄取我，當場就讓我領服裝和配備，月薪一萬八，隔天上午七點就上班，地點在松德路世貿經國大樓。

　　民國八十年六月二十四日上午前往世貿經國大樓集合，老闆隨後也到達並訓示我們，本大廈為新據點，大家要認真值勤，不得有怠忽職守的舉動，要保持良好的服務態度，以作為公司的示範社區。我們警衛共有八個人，採取三班制，日班四人，晚班三人，隊長為陳仁齊。陳隊長曾找我討論，一樓前排商店轉角無標示，該如何標示的問題。

　　我先繪製了一個簡單的草稿，和隊長商議確定後，以克難方式製作成標示，貼在適當的牆角。隊長看了非常滿意，認為既醒目又易於辨識，我們兩人也從此建立起深厚的情誼。

　　兩個月後，建設公司要召開住戶大會，請警衛隊長提供意見，特別是住戶公約正本如何收回的問題。陳隊長不時找我討論，我則建議他以影印本換回公約正本，

但最好先有五本住戶已經蓋好章的樣本，作為示範，開會當天，由警衛在桌上攤開來給住戶看，這樣其他的住戶才會放心跟著蓋章。陳隊長對此建議非常贊同，回報給建設公司，也立刻獲得認可，隨即影印住戶公約備用。至於會場布置方面，我也建議陳隊長寫上喬遷之喜、新廈落成、華廈開新、美侖美奐等標語，讓會場增添不少光彩。

民國八十年八月二十四日下午二點所召開的住戶大會，會議進行到修訂住戶公約，逐條朗讀完，全體無異議通過時，建設公司就請主席台上的五位住戶，先在住戶公約上蓋章，並交予陳隊長。不久之後，選出管理委員，宣布散會之際，陳隊長與我馬上在出口處報到桌上排出陣仗，將住戶蓋好章之五本住戶公約攤開。

我拿起麥克風就宣布：「請各住戶在出口桌上，將手上公約蓋好章後，換取公約影本拿回去詳細閱讀，拜託各住戶配合，謝謝。」這招果然奏效，住戶們紛紛在公約正本蓋章後，一一交換公約影本，最後竟全數收回正本，順利完成住戶大會的任務，讓建設公司的總經理

佩服得五體投地，對我們公司的效率稱讚不已。

　　管理委員會既然已經成立，當然要開始遵守管理委員會及主委交辦事項。主委交代陳隊長今後裝潢施工應妥適管制，施工前除繳交保證金一萬元，做為保證以維護公共設施完整外，每日需繳交兩百元作為清潔費用，要求陳隊長擬好施工管理規則，以便裝潢工人遵守。陳隊長則請我草擬施工管理規則，送管委會審閱後，便交由警衛執行。

　　住戶大會開會當日，老闆也邀請板橋物博建設公司老闆陳龍江，到松德路參觀有關警衛配置及住戶大會開會情形。開完會後陳老闆相當滿意，當場請大樓管理公司老闆籌劃，進駐板橋陽明翠堤大廈，並指定本人調往現場負責。於是管理公司老闆經會同建設公司，勘查配置警衛崗哨，詳細規劃討論後，初步設置警衛七人、清潔三人，並報價經建設公司同意後，招募遴選警衛及清潔工。於民國八十年九月九日進駐，同時調升我為隊長，負責現場之管理及行政事務，月薪加一仟元為一萬九千元。

打卡鐘

　　進駐板橋陽明大廈當隊長第一天，上午七時集合全體工作人員，由我喊口令整體在大廈門口一次排列完畢，接著由大樓管理公司老闆帶領全員，向建設公司老闆敬禮。在聽取兩位老闆的勉勵之後，便將所有的工作人員交代給我，由我負責督導。

　　數日之後，建設公司陳老闆帶我到大廈對面一棟雙拼七層樓，也就是陳老闆的住家去勘查。因為沒有設置管理員，所有的公共設施維護工作都由陳老闆自行處理，覺得有些分身乏術，希望我提供建議解決這個問題。

　　我勘查現場之後，發現這棟樓共有二十一戶的住戶，如果就近派人過來巡邏，恐怕無法面面俱到，萬一有狀況發生，責任也很難釐清。若派別處的清潔人員過來打掃，會衍生加班費的問題，未必划算，不如直接請一位專職的清潔人員來打掃。於是建議陳老闆不妨請一

位警衛和一位清潔人員，行政工作則可以由我來隨時支
援。陳老闆也相當贊同我的分析，決定委託我們公司請
警衛和清潔人員。就這樣，我替公司開拓了一個新據
點。

　　民國八十年十月十五日，原本和我相處融洽的世貿
經國大樓陳隊長，轉到宏福保全公司，準備接任新莊市
一處大樓的現場主任。由於宏福保全公司剛成立未久，
需要內勤人員，已經升任主任的陳隊長，聞訊立刻推薦
我到宏福保全公司面談。公司的周經理看見我的履歷，
認為我已經做過隊長，有外勤的歷練，做起內勤來應該
可以駕輕就熟。於是聘請我擔任企劃專員，月薪二萬
一千元，並於民國八十年十一月五日開始上班。

　　由於宏福保全公司是建設公司轉投資的子公司，主
管們參加完建設公司之常董會議，得知建設公司有意將
旗下兩家保全公司之股份，轉讓給營造公司，於是一回
到保全公司，就要我在三天內將股份轉讓契約書擬好後
呈報上來。

　　但股份轉讓契約屬於公司股權之移轉，應屬建設公

司法務室之職掌範圍，且茲事體大，應由專門的法律顧問來擬一個面面周全的合約才是，怎麼會如此草率的將合約交給我一個小小企劃專員來擬呢？

我也剛做保全內勤工作才一個多月，業務還沒熟悉就碰到棘手的公司股份轉讓法律訂約問題，既然主管們如此草率分配工作，部屬又能奈何呢！不得已之下，回家後翻閱尋找股權轉讓契約範本，可是遍尋不著，只好就自己多年的公務歷練，加上熟諳一些法律，自行列舉應記載事項計七條，勉強在七天才草擬了「股份轉讓契約書」，所擬契約草案呈經建設公司總經理稍作修改核定，經打字後原草案退還給我的隔天，即民國八十年十二月二十日提出辭呈，離開了這家保全公司。

離職數日後，我又到國聯保全公司的前身全日保全公司應徵，被派駐敦化南路葉財記世貿大樓任警衛組長，當時我已經五十九歲了。現場共有警衛十二人，採三班制，我負責白天的大門服務台工作。月薪雖然只有一萬八千元，但公司據點較多，也比較有規模。

我值勤的這棟大樓十分特別，整整廿一層的商業大

樓，裡面公司行號極多，包括銀行、保險、證券、基
金、電腦、機電、保全、通訊、顧問工程、建設、清潔
服務等，應有盡有，且有外商公司進駐，甚至有畫廊經
常辦畫展，每日進出人員無法計數，可謂熙來攘往，客
人絡繹不絕，尤以每日八點半至九點之各公司上班尖峰
時段，電梯更是擁擠不堪。地下三層的開車族更是幾乎
每天都乘坐不到電梯，而抱怨連連。我只好在尖峰時段
自動至電梯間指揮調度，並預留後排二部電梯，才解決
地下三層開車族搭不到電梯的問題。

退休二度就業應徵全日保全公司，派任敦化南路葉財記世貿大
廈警衛組長，服勤時穿著制服與裝備

大樓夜間有二位巡邏警衛，負責大樓廿一層及地下三層的巡邏任務，肩膀掛著打卡鐘逐層巡邏打卡。

　　有一天第十六層一家公司遭竊，公司內有三個金庫被撬開竊走現款，經清點損失二十五萬元，除向管區警方報案外，並向大樓管委會舉發保全人員有否疏失，申請調閱巡邏紀錄。而管委會調閱打卡鐘紀錄帶時，居然有一個時段完全沒有巡邏打卡的記錄。這下子夜間巡邏人員確實有疏失，只好與保全公司負連帶賠償責任。經查兩位警衛並沒有不良記錄，也是公司工作數年的資深警衛，只好將二名夜間巡邏警衛加以記過處分並辦理資遣。以資遣費（二人合計二十萬）抵償，不足部分由保全公司補足賠償十六樓公司遭竊損失，管委會也認同保全公司之處理方式，不再追究行政疏失，此事宣告落幕。

　　民國八十一年七月一日現場主管異動，新隊長由原停車場同事許組長升任。但新隊長個性孤僻，對部屬不理不睬，很難與其共事，為了避免影響自己的工作情緒，決定在民國八十一年八月十六日請求公司調離現

場，公司勤務部主任便派我到中和市中山路家美工業園區擔任警衛。

此工業園區是廠辦兼倉庫，因而貨車出入頻繁，園區特別開闢廠房騎樓及道路單邊路邊停車場，供廠家停車之用，後面廣場則開闢出租停車場，所有進出車輛除佩掛通行證外，一律計時收費。管委會在大門口設置收費崗哨，聘請女性收費員計時收費，警衛負責檢查通行證，並配合監控車輛計時收費互相支援。警衛除門禁管制出入人員之登記換證外，尚需巡邏廠房，勸導機車禁止停放各廠房之電梯口，以免妨礙交通順暢，工作相當繁重。有時斜揹著打卡鐘，徒步巡邏廠房打卡後，稍事停留坐下椅子擦汗，或是沒有立即在停在電梯口的機車上貼敬告單，就會立刻被糾正。

九月一日起，管委會制定了一個在電梯口亂停機車就上鎖的規定，讓身為警衛的我們經常要從大門口警衛室拿鎖到電梯口上鎖或開鎖，簡直是疲於奔命。為了避免要將違規機車上鎖，導致在大門及電梯口兩頭奔波的痛苦，決定只要看見機車靠近電梯口，就吹哨子禁止。

如果已經停在電梯口者，則能移動就移動，不能移動就坐上電梯，逐樓大喊請車主將機車騎走。

在工業園區警衛工作將近一個月，雖然三班制上班八小時，但早、午班炎熱難耐，加上時常被現場副主管糾正值勤狀況，有些糾正已經近乎挑剔，每位警衛同仁都戰戰兢兢的值勤，生怕被不斷糾正，簡直就跟在軍中生活沒兩樣，於是萌生辭職念頭，並在民國八十一年九月十四日起離開這個工作崗位。

在人生旅途中若遇喜悅，必須評估這樣的喜悅是來自外力施予的結果，還是自身經歷所得，然後決定應一笑置之，還是將之收藏於記憶。

醫院守護天使

民國八十一年十月一日到羅斯福路五段衛都保全公司應徵保全工作，被派到新店市同慶醫院擔任警衛工作，晚間七點到隔天凌晨七點，即日起開始值班。

執勤第一週住院區尚稱平靜，第二週就有零星酒醉者滋事，酒醉者與住院病患糾纏不清，喧鬧聲不斷，讓住院病患無法安靜休息。

於是向住院護理人員報備，又前往勸導無效後，遂採引導、分離的方法，對酒醉者說：「樓上有很多空房，不妨到那裡聊一聊如何！」把酒醉者半推半就帶到樓上空房。要他選一張床，隨便他是要躺還是要坐，不一會兒，他就不勝酒力，躺下去呼呼大睡。等他醒過來時，已無醉意，就不再胡鬧了，此時我再將他帶離大門口，結束一場鬧劇。

第三週又發生一起醫療糾紛，一位二十八歲的年輕男性，因為先天性心臟病逝世，家屬認為醫院有疏失，

而和醫院僵持不下。為避免影響其他住院病患的心情，我與醫護人員暫時將死者病床推移至樓上空房，等候副院長召開協調會解決，經過院方充分說明醫療情形後，雙方的誤會冰釋，家屬才願意領回屍體安葬。

民國八十一年十月二十一日，我被公司調到景美綜合醫院擔任警衛，此醫院位於羅斯福路六段鬧區，一樓為掛號、收費、門診部門，二樓以上為住院部，每層樓隔十間病房，四層合計四十間，走廊寬敞，二樓並設有氧氣儲存室，供應缺氧患者使用。由於當地人口相當密集，就診人數及住院人數眾多，白天熙來攘往，騎樓和人行道全都停滿了機車。

我在了解醫院周遭環境之後，就開始勸導就診民眾排隊，依序掛號，不要通通擠在掛號櫃台，這樣不僅不會顯得擁擠，也能節省大家的時間。果然民眾在勸導下，開始排隊守秩序了。

接著我前往二樓，巡邏順道換氧氣筒給患者，以免發生斷氣意外。

再往三、四、五樓病房巡邏簽名後，下樓整頓騎樓

秩序。首先是挪出空位給機車停放，並貼告示於人行道
明顯處，讓騎機車就診的民眾漸漸養成不亂停機車的習
慣。許多騎機車的民眾，都自動下車去移出空位停放，
使醫院前停車井然有序。

「唯心」是用來決定方向，若實踐的過程中也要「唯心」，
除非運氣好得嚇死人，不然通往目標的路通常顯得漫長遙
遠。

警衛組長

　　民國八十二年一月一日，我被衛都保全公司調派到新店市新烏路花園新城警衛組當副組長，而離開景美綜合醫院，服務醫院的時間，前後只有短短三個月。

　　由於花園新城的社區幅員遼闊，警衛副組長的責任重大，我不但實地了解地形、建物、公共設施等設施，再依計畫逐步訂定勤務執勤要點，畫出簡圖告知警衛同仁，並以圓環噴水池為中心點，劃分左右兩邊，左邊為奇數，計花園一路一、二、三、四段，花園三路一、二段，花園五路一、二段，花園七路，橘園一路等十條道路；右邊為偶數，計花園二路一、二、三段，花園六路一、二段，花園十路一、二段，梅崗一、二路，百齡一、二、三路，桃李一、二路等十五條道路合計廿五條道路都要熟記，避免迷路而妨礙勤務。

　　民國八十二年五月十一日我被調派到和平東路三段康和御花園大廈擔任警衛副組長，到職首日，先去面見

主委劉先生，並隨同他參觀大廈各棟公共設施。我發現
該棟大廈的樓梯堆積雜物的情形相當嚴重，嚴重影響住
戶的公共安全，於是向主委提出建議。

　　首先必須限期一個月勸導，先清查各棟堆積雜物品
名、數量列清單提報管委會同意後執行。我以十天的時
間逐棟清查列表完畢，並於五月二十一日提報管委會討
論第一案照案通過，八十二年五月二十五公告，六月
二十五日勸導期屆滿，七月一日開始雇工清運，七月四
日完成樓梯淨空。而在七月五日，我就被調離大廈，升
任花園新城警衛組長。

　　民國八十二年七月五日公司
調派我到花園新城擔任警衛組
長，雖然之前在此社區服務四個
月，對此社區並不陌生，但保全
工作需要注意的地方很多，還是
要時時小心謹慎，不能有絲毫大
意。

退休二度就業衛都保全公司
派任新店花園新城警衛副組
長，圖中至圓環噴水池巡
邏。

　　到任不久，新城實業公司即

在大道口（即警衛室旁分隔島）設置電動柵欄管制車輛進出，為了使警衛同仁有所警惕，特別在警衛室設置大型班表，並公布花園新城勤務職責手冊、獎懲準則及警衛獎勵辦法，並隨時抽查哨所有否脫班情形，以防止崗哨發生空哨無人值班之窘境。

經過不斷的耳提面命，仍然有少數同仁陽奉陰違，夜間抽查較偏僻哨所，還是發現無人值班的狀況。經我用手電筒巡視周圍車輛，才發現本來該在哨所值勤的卓姓警衛，居然躲在自己的車上睡覺，立即叫他起身回哨所值勤，並向他告誡如果擅離職守，導致竊案發生的話，他是免不了刑責的，請好自為之。他聽完我的話之後，懇求我原諒他白天做小生意，晚上來當夜班警衛，體力不繼才會躲在車上小睡，不知道擅離職守的嚴重性，並且保證以後不再開車來上班，改以機車來代步。

另外，在接待中心兼車站售票處，白天值班警衛居然到晚上還沒有交班，詢問之下才知道，原來該來接班的李姓警衛竟然中途蹺班，跑去賭博了，要白班的警衛幫他代班。

　　李姓警衛在應該值勤的時間，跑去賭博，屬於重大
違紀案件，為了整頓紀律，我只好報請公司將他解雇。
次日李姓警衛跑到我木柵家中道歉，表示不知請人代班
去賭博，處分會如此嚴重，要我給他一次自新的機會，
並保證今後絕對會按照排班時間值班，絕對不敢擅離職
守去賭博。我這才報請公司，撤回解雇的命令，讓李姓
警衛回到工作崗位上。

　　而此時，我原先工作的康和大廈發生監守自盜事
件，衛都保全公司立刻派戴勤務長前往處理，並經與失
竊住戶黃太太之緊密追贓，才水落石出，使萬警衛俯首
認罪移送法辦。

　　保全公司老闆為續約問題，火速趕到花園新城，希
望我幫他擬一份竊案處理經過與檢討報告，並提供監視
器一部作為補償，以爭取到公司繼續在康和大廈服務的
機會。

　　隔日晚上老闆依約前來取件，閱讀草稿甚為滿意讚
賞，經公司打字影印後，立刻送請康和大廈管理委員會
列入討論議程，不久經管委會討論無異議通過續約。並

感謝衛都保全公司提供全天候監視系統，管委會也配合提供錄影帶二十一捲以備警衛換帶之用。至此因監守自盜之違紀案件，所衍生之續約問題全部化解。保全公司老闆立即來電感謝本人提供周全的檢討報告，讓公司順利續約。

民國八十三年五月初，美國加州發生地震，在聖地牙哥留學的三子濟元也遭到波及。他的轎車被商店招牌砸壞，需修車費四千美元，但商店卻不肯賠償，三子不得已只好委請律師向法院提起告訴。我賣掉轎車，先電匯了十六萬五千元給三子，並利用白天下班的時間到快遞公司兼差，下午二點再趕往花園新城上二點半的班。三子的官司雖然打贏，取回四千美金，但必須付給律師兩千美金的費用，剩下的兩千美元就留給三子繳交學費。

我自從民國八十二年七月五日回鍋擔任花園新城組長，至民國八十三年五月三十一日已屆滿十個月又廿六天，是任職保全公司警衛以來，任期最長的一次。由於大道口電動柵欄管制措施已具成效，階段性任務已完

成。加以每天往返花園新城路途遙遠，尤其是新烏路狹窄又九彎十八拐，無論騎機車或駕車都要小心翼翼，每趟三十分鐘的路程，上中班下午二點半至下午二十二點半回到家已近午夜，也感到精疲力竭，於是決定五月底辭去組長一職而離開花園新城。

企劃未來幫助自己善用優勢，針對不足加以改進，並且找出可利用資源，深化夢想的追尋動力。

打保齡球，請進！

　　民國八十三年九月十八日，我成為鴻銳大樓管理公司的一員，被派到木柵路二段敦南莊子當警衛，待遇二萬四千元，服勤時間十二小時。兩個月後又被調到萬寧街綠色傳奇大廈值班，第一個月值日班時還算順利，但到第二個月值夜班時，由於日班警衛缺錢，想向我借錢不成，便開始拖延交班時間，並出現甩資料、亂發脾氣等歇斯底里的動作，我只好向組長報告後調離現場。

　　接著，我被調派到深坑保齡球館擔任警衛，剛開始值夜班時，就發現當地一些青少年，經常集體將機車停放在保齡球館的大門口，不管是吹哨子或勸導都相應不理。

　　於是我改變方式，對他們說：「先進去打保齡球，機車我來移！請進！」幾次之後，這些青少年也覺得不好意思，自動將機車停在停車格裡，達到保齡球館大門口淨空的目的。後來球館總經理駕車到大門口，由警衛

組長陪同巡視時，看到大門口已然淨空，嘖嘖稱奇，讚譽有加。

在保齡球館做了二個多月警衛，因為地點稍遠，於是在民國八十四年三月十二日改到復興北路宏運保全公司應徵。我一到公司就獲得錄取，並直接帶著本人到中和圓通路的林公館值班。工作時間是早上八點到晚上六點，待遇二萬八千元。

由於林公館的主人林先生曾為鄉長，因此每日都有政商名流來訪，絡繹不絕。我負責將客人請到客廳，再入內請林先生出來。公館家務都由其女兒打理，有時空閒就與我聊天，由於同是姓林格外投緣，並與林先生的家人相處也很融洽。但這間保全公司的財務似乎有問題，值勤屆滿一個月薪水沒有入帳，打電話催促公司發薪，保全公司又說過幾天就會發了。這讓我覺得不妥，於是提前離職，薪水也在紅梅與二媳婦的催討兩次之下，拿到一個月零五天的薪水三萬一千五百元。

我到忠華保全前後總計三次，每次周副總經理都願意接納我，並分派適合的工作給我。對於我不時轉換跑

道的事情，不但不介意，還隨時歡迎我歸隊，讓我只能以實際行動堅守崗位，以報答周副總經理的栽培恩情。

總計在忠華保全公司服勤六年六個月以來調換三十六處據點，所待的時間，從最少的一天到最多一年三個月，都克盡職責，從無違失事件發生，值得欣慰。由於忠華保全公司之據點遍及全省，尤以台北市、新北市轄內更多。每次我想要調動時，周副總都照辦不誤，讓我十分感動。

我工作到民國九十一年六月三十日因年逾六十九歲，且兒女國外留學都已圓夢，是該退職的時候，遂向周副總經理請辭而離開忠華保全公司，而劃下公職退休再打拼十一年來的句點。

民國九十七年八月間，我開始練習寫個人傳記，在第一本書完成之際，第一時間就帶著書拜訪睽違七年多的周副總經理，此時才獲得櫃台服務小姐告知，他現在已經是周總經理了，而且負責掌管的是六家保全關係企業，業務擴展神速。九十九年十一月初，又將改版之後字體較大的直書，送請周總經理暨吳董事長雅正，也感

謝忠華保全公司諸多照顧與鞭策，致上誠摯的感謝！

　　而如今，在此處溯往一些記憶的碎片，只是想與有心和命運奮鬥的人們分享經驗。我從風雨中走來，將挑戰自己視為最大的目標，以「誠」奉為最高行事原則，只求無愧於心。也因此我守得他人真心相待，在有難時能獲得幫助，這並非是天上掉下來的餡餅，而是平日勤勤懇懇，才能在需要的時候，為自己換來機會。人生的逆境，人皆有之，而我的逆境，我用樂觀與勇氣克服。

　　踏破草鞋，穿山越嶺，黎明總會在黑暗之後到來。

一想到失敗的結果，時間、心力可能會付諸流水，就令人裹足不前，卻沒想到失敗會變成經驗、成功的墊腳石。

為什麼要寫？

　　我從保全公司退職，也沒閒著，反而先到永漢補習班學習日語三個月，又到青山外語補習班學習英語、日語六個月，之後有參加日語一級檢定，但是沒有通過。接著去學手風琴三個月、學電腦一年三個月。

　　民國九十四年夏季，突然想和紅梅去游泳，但紅梅還帶次子林濟生的兩個小孩而無法分身，恰巧次子利用暑假偕同二媳、孫女、孫子去美國西雅圖旅遊三個星期，因此得以趁著空檔和紅梅到碧潭北新游泳池，並請教練教紅梅游泳課程，半個月就學會蛙式游泳。紅梅十分的高興，都已經六十六歲了還能學會游泳。等到孫子旅遊回來，發現阿嬤會游泳了都驚訝萬分。從此，購買年票入場券，每天上午開車去碧潭游泳池健身，星期假日也帶孫子兩人去，祖孫二代還能相互比賽，雖然紅梅總是墊後，但作為阿嬤的她還是快樂極了！

　　因紅梅右邊膝蓋曾被機車撞傷，導致伸展遲緩，使

蛙式游泳無法加快，我就另請女教練教紅梅自由式游泳，並以上課一天、休息一天的課程充分領會要領。經過一個半月終於學會自由式游泳，連仰式游泳也能一氣呵成，紅梅愉悅的手舞足蹈。現在她可以用自由式替代蛙式，與孫子們一較高下。

民國九十五年三月間，由木柵搬到桃園市大興里的公寓大廈一樓，與長子林濟民為經商居住在桃園設置的居所相近，我和紅梅仍與往常一樣，到附近游泳池健身。九十七年暑假並帶長子的兩個兒子到八德市市立游泳池參加泳訓班一個月，孫子和阿嬤能一邊游泳一邊戲水，著時快樂無比。

至八月間，紅梅將每天撕下來的日曆紙疊了三十三張，忽然遞給我說：「背面可以打草稿。」而開啟了我寫傳記的念頭。從此日曆紙就變成我練習寫作的園地，並以「如何在逆水行舟中掌舵」為題，把三十幾張日曆紙都用盡，花了三個月才寫完。

於九十七年十一月初試啼聲，打字印成A4單面二十頁。初寫傳記發覺有漏列、前後文沒有連貫、標題

不鮮明、敘述原委不周延，用字遣詞不深入等諸多缺點，因此每年都陸續增修訂四次，於九十九年十一月改名為《突破逆境的人生經驗談》編幅共二百四十三頁，以直書付梓；又於民國一百年五月以《突破逆境闖出一片天》為題，編幅八十頁，並參加桃園縣文化局第四屆全民寫傳記徵文活動，未獲入選。往後陸續修訂至第五次時，頁數達一百四十三頁，並改名為《突破逆境，力爭上游》一書，於一零一年一月付梓。

同年三月接著寫一本日文書，源於擁有日本統治時期童年的緣分，又在進修大學時重拾日文讀本，以及赴日本打工的經驗，讓我開暇時即以研究日本文化為樂，加上持續精進日語的情形下，終於在十一月一日由集夢坊出版《誰說現在學日文太晚》，完成出版日文書的夢想。

後來我又開始動筆，寫我為什麼能突破命運，為什麼擺脫困苦的生活，前思後想這一切擺脫不了「堅持」兩字。雖說我不頂聰明，但不缺的是耐心，從青年時期便定下目標，便一心想著實現。也懂得不能傻傻等待，

守株待兔不是能讓夢想成真的方法，我一天天的磨礪自己，認真讀書，哪裡可以充實自己便往哪裡去。常常要把自己當火炬一樣燃燒，去完成每一天，而正因不進則退，所以我始終沒有停下腳步，深怕一放棄就被沖到更深的深淵裡。

有一回和孫子女們一起去動物園玩耍，逛到有各式各樣的馬的區域，那兒有迷你馬、非洲斑馬、非州驢等，孫女突然指著其中一匹蒙古野馬問我：「爺爺，為什麼牠站著一動也不動，是生病了嗎？」我告訴她，那是因為牠覺得周圍環境不安全，所以不願意趴下來睡覺，萬一敵人來了就會反應不及。

人不也應該如此嗎？在還沒確定結果，或是仍處於劣勢之時，隨時戒慎恐懼，以便對變化做出對自身有利的回擊。

「積極、珍惜、有誠」，是我對自己的口號，即處世積極、珍惜擁有資源、對各種人事物都心懷敬謹誠信。若此豈能有偏乎？能無賞識乎？我耐心的、近乎偏執的守著信念，偶爾喪氣，就想起一蹴可及的結果無法

維持長久。正如我用二十年才脫離貧窮。

　　時間是生命中珍貴的寶物，而堅持是能善用每一天的動力。就好比駛於汪洋大海，時間化成承載的木船，夢想是新大陸的方向，而堅持則是木船前進的動力原料。即使已經握著航海圖，但若沒有原料，船也無法在茫茫海上前進。

　　我的旅程中最能拿來炫耀的事，莫過於賦予自己實現燦爛生活的能力，而這樣的能力來自於——積極的堅持，有它才有我在書裡寫的這些事兒。

從心出發

　　知識與技能是個人能擁有的永恆財產，如果覺得「學習」讓人沒有衝勁，就當作是一場「冒險」與「探索」吧！

扭轉人生的可能

　　作者從小生於貧困的家庭中，但是他瘦弱的外表下，卻包藏著炙熱而強大的心。作者不但完成工商學業，還考上公務員，更在半工半讀下取得台大的法律學士學位。

　　究竟是什麼樣的精神讓他能夠抓住機會，成功翻轉命運呢？據說他曾歷經14次絕地反攻，凝鍊出14層人生感悟。現在，讓我們來挖掘作者身上的祕密！

我們飛

人無法決定出生，但是可以決定願意為未來付出多少努力。「想要」與「必要」是兩種截然不同的概念，若心懷前者，得不到時僅覺痛苦；若心懷後者，而得不到，就有如空氣抽離生命一般。對於成長環境的貧瘠，我便是抱著不死不休的心情，力圖改變自己，希望能為我愛的人，帶來更多幸福與快樂。

可能是自己創造的、機會只留給準備好的人，這樣的信念因此深深地刻在心底。

我的父親、母親雖然先脫離了三十七載貧瘠小佃農生涯，而後轉業木工、礦工，又恢復木工生涯十五載，仍然脫離不了貧窮的窠臼，本身並無一技之長，毫無創新翻身的機會，一生過的是散赤人（貧窮人台語發音）的生活。雖然有微薄所得，但連基本維生的能力都不足，就是不能夠維持一般生活水準。其間，轉業礦工時，有二位兄長加入就業行列，母舅資助母親開百貨

店，生活稍有改善，但經過四年，仍敵不過越來越多的生活開銷而關門大吉，搬到樹林重操舊業，恢復木工生涯，依然躲不過貧窮勞工的範疇。

　　於是我就下決心，從青年入伍開始，立志與貧窮奮戰到底，以二十年為期，徹底擺脫貧窮的羈絆。先從做人與處事著手，秉持著凡事以誠待人，以勤奮補拙的真理，腳踏實地，切實去遵行，必有所收穫。也就是說：凡事要本著真實不欺的與人交往，有什麼疑難的問題，都可迎刃而解；勤奮指學習或工作努力不懈，則可以彌補天資的不足，如缺乏教育、知識、訓練、技術等方面的進修和培養。

　　在立志扭轉人生之後，隨著參加特種考試丙等普通行政人員及格轉任基層公務員，輾轉調任經濟部且取得中央公教住宅貸款十三萬元，自購永和公寓後，生活逐漸好轉。後來勇敢向長官毛遂自薦，從委任官調升薦派官，於事業上得以更上一層樓，終於實現夢想。在打拼的漫長歲月裡，曾遇到珍貴的十四次機會，有些是自己創造的機遇，有些則天時地利所賜予。往後還撿了便

宜，兼任黃豆平準基金會幹事，此中承辦進口黃豆業者抗繳差價而打官司案件，調升八職等專員，此兩次機會，也是一難得的經驗。

　　盼望用我的故事❶和大家分享，讓讀者能藉由他人的經驗鍛鍊自己，使還沒有立志的人下定決心、給陷入人生泥濘裡的人加油打氣，展示堅持能創造與把握機會，而夢想將因此展翼高飛。

1. 君子不遠庖廚

Q：什麼！買菜也能買出成績來，這是怎麼一回事？

A：是啊，當年入伍關東橋基地，因為靠著人脈，幫當兵的好兄弟買了一桌子好菜，還因此獲選伙食示範

----

❶ 見附錄二，筆者人生事件紀要。

連！

Q：真不好意思，我一直以為只有家庭主婦，才能在逛菜市場時獲得成就。可以請您分享當時的情況嗎？

A： 在新竹當兵時，有一回需要採買，而我之前剛好在新竹的餐廳當小弟，認識每天從菜市場送菜來餐廳的賣菜老闆，寒暄後他才知道我入伍當兵來市場採買，格外的親切，我就請他代為調配一連部隊可做四菜一湯的食材。

賣菜老闆毫不遲疑地、很快就調配好並裝上卡車，並付清款項後載回部隊廚房烹調，廚房戰士們竟然做出與眾不同的「四菜一湯」，正要準備端上餐廳時，先被值星官發覺今日的菜色特別齊全又色香味美，就報告連長。其他各營的連長也聞訊前來參觀，剎那間許多來賓、長官湧入餐廳熱鬧非凡，使開飯時間稍緩，全連的阿兵哥們個個笑逐顏開，讓我感到與有榮焉。

 過往經驗的累積，不論失敗與否，都是今日

成功的籌碼。練習將經驗連結，與擴展人脈，為自己爭取更大的贏面。偶然的軍中採買機會，可不能小覷喔！因未曾買過大量的菜，請專司賣菜老闆調配菜色比較均勻妥當，因而小兵立大功，從此各連改善伙食蔚為風氣，官兵有口服了。

2. 就是要別出心裁

Q：您認為如何才能改變現狀呢？

A：大概是積極與勇敢了吧。

Q：所以不具備這種人格特質的人……

A：不不，這兩種特質皆能因心中的信念而變強，也就是說只要知道自己現在做什麼，便得了改變的勇氣。有一回在關東橋基地，因早餐豆漿是由廚房向豆漿店購買原汁後再加水稀釋，使其失去營養價值，因此我向指導員請示，可否托市場代買「石

磨」及黃豆，並由我來示範如何自製豆漿。

連部首肯答應後，請人買回石磨及黃豆，派公差二人研磨後，供應首日，各個官兵吃了原汁原味，極濃又香的豆漿，都笑逐顏開。連長即席稱讚本人的創意，增加官兵營養，此項自行研磨豆漿的創舉，很快傳遍各連而競相採用，一時在軍中傳為美談。

祕密 了解自己的目標與作為，能使頭腦清晰、有自信。保持積極與行動力，在奮鬥的路途中，便能邁出比別人更大的步伐。只要有心改善，無論任何事情，沒有克服不了的事，當採買一次就改善了伙食及豆漿，一舉兩得，何樂而不為呢！

3. 斬草又除根，春風也沒輒

Q：唉，我實在為了家裡人的菸癮傷透了腦筋～

A：戒菸就對啦！抽菸為不良嗜好之一，花錢買菸不但破壞自己的肺，況且二手菸還會污染別人的肺部而不知。真傻啊，等肺癌上身了才要戒菸就來不及了！

Q：**在戒菸不易的情況下，您如何完全甩掉包袱呢？**

A：因為我戒菸，是出於「必要」，戒菸每月儉約三元六角，以貼補家用。所以如果戒菸是為了孩子的健康、伴侶的期待等，出於對他人的付出，那麼決心較不容易受到動搖。

Q：**拜託偷偷告訴我，您用了什麼方法吧！**

A：我下定決心時，正在軍中服役，那時二兵薪餉十五元，當時一斤米為一元，一包軍菸九角錢，每週配一包，每月花費三元六角，可省下這筆錢交家母貼補家用。於是向周遭的同袍宣布約法三章，不領軍菸口袋也不裝錢、看到我抽菸罰牛肉麵一碗、看人抽菸遠離之。經過一個星期的煎熬，終於戒菸成功。

另外，我的長子林濟民也以五年的時間，親身體驗

而磨練出漸進式的「戒菸三部曲」，不比我的軍中「約法三章」在一週內戒菸的那麼簡單又草率，雖然時間上較長，但過程則較為細膩又確實，若能將時間縮短一點更佳。以下「戒菸三部曲」提供癮君子借鏡之參考：

一、早上起床後一小時內不抽菸（空腹血中尼古丁較低，此時抽菸使尼古丁增濃，容易上癮，很難戒除）。

二、晚上睡覺前一小時內不抽菸（此時抽菸，使血中原滯留的尼古丁推積更多，也容易上癮，也很難戒除）。

三、減量抽菸：由濃菸改換淡菸（使尼古丁含量由0.9毫克減低到0.1毫克），由粗菸改換細菸（使菸支口徑由大口徑改換小口徑，菸絲量減少一大半）。

其實癮君子目標一致，只在戒除菸癮，若能夠逐漸把尼古丁毒素趕出體外，方法複雜一點也是值得的。

祕密 願意為他人付出的時候，使人獲得更加堅固強大的力量，決心將更能禁得起考驗。要戒菸，談何容易啊！抽菸一旦上癮就很難戒除，必須下定決心，訂定長期抗菸計畫，逐步減量包括尼古丁成分，始能竟全功，否則空口說白話是無濟於事的。

4. 報告班長

Q：大家都說當兵讓人腦袋空空，而您卻連當兵也不忘讀書！

A：因為參加軍中的文藝函授國文班，而且還不小心被指導員看見我利用假日在讀書。

Q：您是如何在軍中充實自我的呢？

A：那時參加總政戰部舉辦的軍中文藝函授國文進修班，心想既然有資源為何不好好利用。假日空檔也

會閱讀函授講義及習題作答，常常趴在寢室鋁製雙人床上層做功課，還因此使指導員請我到連部幫忙處理政工業務。

沒想到我就這樣開始處理軍中的政戰行政業務，並加強政治課程訓練、測驗、命題、考卷之印製，還將刻鋼版的蠟紙油印術，首次應用在考卷上。處理政工業務三個多月不斷地檢討改進結果，上級來業務檢查時，獲得組織工作驗收最優第一名之頭銜，嘉獎之獎勵。連帶使連長、指導員都獲嘉獎，皆大歡喜。

祕密 善用資源豐富人生，可以為生命締結更多的契機與選擇。接辦政工業務，也以做功課的心情學習，認真尋求答案，解決各項疑難問題，並且不斷地檢討改進，加強業務推動，在業務檢查時獲得上級的肯定。因此，抱持實事求是的理念，沒有克服不了的難題。

5. 黑板小天使

Q：記得以前非常討厭粉筆灰，所以當值日生擦黑板時，總是隨便揮幾下好混水摸魚。

A：我以前在台北開南高職補校，倒是喜歡主動擦黑板呢！

Q：您不會覺得麻煩嗎？

A：不會啊！那時在學校，有鑑於老師在第一節課就將黑板寫得滿滿的重點，而無人擦拭，為免下一節課老師使用黑板時，無處可寫的窘境，我在上課前就自動去擦掉黑板的字，成為我的習慣。沒想到也成為同學心目中的榜樣，竟然在選班長時優先考慮的條件之一，尤以我與結伴上學的何天明、吳憲隆二位同學合力推薦，更向同學說明我是難能可貴的人選：白天在商業會發售統一發票、晚上又義務擦黑板。後來由導師表決結果，全數贊成本人當班長。

自發性的義務服務，人人都稱讚，能夠成為他人心目中尊敬的榜樣。因為這是做了會讓我快樂的事，我可以在其中找到價值，而願意不計較的付出。盡量避免功利的思考模式，不要總想從他人身上獲得回饋，便能使人敞開心胸，活得更瀟灑。

6. 謝謝你讓我失業

Q：您曾經莫名遭遇失業，那時的感覺是如何？

A： 從軍中退伍後，向原服務之社會團體陽明山管理局商會申請復職，但是職務代理人卻說這就像借錢，借時觀音佛笑容滿臉，還時似閻羅毫無笑容，而霸道不交接。加上理事長與總幹事均默不吭聲，經僵持數日依然無法交接，在復職無望之下，悄然無聲地離開服務五年十個月的商會辦公處，變成失業人

口。那時覺得真心待人也不過如此，看到的世界都是黑暗的剪影。

Q：您是如何走過來的呢？

A：就是往別的地方投注自己的熱情囉！讓自己有更大的目標，就比較不會陷於過去。

所以失業七個月後，一看見住家附近樹林酒廠將招考人事業務助手工代職一名，就馬上帶著履歷表前往酒廠人事室報名，此次報考人數有十三人，考試結果公布，本人所倖被錄取。

Q：哇，真是塞翁失馬，焉知非福！

祕密 壞事總是會發生，能做的事是投入熱情，創造更多的好事，並且不驕不躁、隨時準備再出發。失業七個月後才考進樹林酒廠工代職人事業務助手，而露出曙光。失敗來自於放棄，即使在絕望中掙扎，也不能放逐自己。

7. 有機會而不要的人是傻瓜

Q：俗話說機會就是轉機，您認為呢？

A：就算是轉機，也要自己平時積極努力才行。

Q：也就是說轉機，加上自己的能力，可以開闢出一條新的路囉？

A：想當年在公賣局工作時，有一回成立新單位——菸酒市場統計分析小組，遇此陞遷機會、我也符合高商畢業的徵選條件，所以馬上就報名參加。經過公賣局員工訓練中心訓練一個月後，調升公賣局業務員，開始辦理全省125個配銷處菸酒配銷量及配銷金額日報表之設計工作，由我負責設計，設計二聯複寫式一聯存根、一聯報核聯背面為信封，印妥受信人地址、寄信人，折疊後變成信封套，即可限時專送投郵。

正式實施的前一日，印製好的報表陸續到達，至下午三點全部到齊，一時小組同仁歡聲雷動，並按各

分局別統計，再彙計全省菸酒總銷售總量及總銷售金額呈報局長核閱，實施頭一天就創造佳績，局長當面嘉許，並可提供局長列席省議會質詢備用資料。

祕密 如果有機會，千萬不要吝嗇表現自己，隨時攜帶樂觀的生活精神，向眾人展示自己。遇到難得的陞遷好機會，不管是一官半職都得要嘗試，把握住機會報名參加，不僅是對自己的挑戰，也能保持心態年輕以及增加閱歷。

8. 錄取率1.5%

Q：考試是一種令人害怕的事，您曾經參加國考，並且順利錄取，這當中有什麼關鍵的成功因素嗎？

A：在我的人生目標裡，必須要通過考試，才能前進，

所以我下了非常大的決心，幾乎可說是破釜沉舟。

Q：能請您分享一下決心到底有多大嗎？

A：簡單的來說，就是要抱著投入生命的心情。那時考試院舉辦特種考試，招考基層公務員考試，由於這一次的基層公務員考試，機會難逢，又是進入仕途重要關鍵，於是備妥學歷、體檢等證件就前往郵局辦理通訊報名。距考試日期尚有一個月二十天，日夜不停地用功，白天利用空檔做重點筆記；晚上在家背誦重點。

喔！那次共有二千六百人報名，若按錄取名額暫定四十人，錄取率只有1.54%人，即千人錄取15.4人，錄取率十分低。未料考試結果放榜擇優錄取九十人，而榜上有名，這大概也算一點小幸運吧！在民政課實習六個月正式任命為里幹事，開始進入公務人員生涯的里程碑。

祕密　立下目標，並計畫去實踐，即使只有前進一點點，也不會是浪費時間。鑑於之前莫名失業的經驗，

所以才報名參加特種考試，因為有遺憾和失落，才有向前的動力。抱著不死不休的心情努力用功進取，公布錄取後踏入公務員生涯，而如願以償。

9. 硬要念書

Q：在踏入社會工作後，您還是努力進修，一切是如何開始的？

A： 北投區公所同事張萬福業餘進修台大夜間補習班選修法政學分，告訴我台大夜間部即將成立招生，只要具備高中學歷並在前台大夜補班修滿二十學分即可報考插班生考試，我覺得這是一個提升自己價值的機會，豈能放過？

Q：因為已經不是全職的學生了，在進修的途中，有遇到什麼樣的困難？

A：由於入學需繳報名費一百二十元，但是先前修習夜補班選修二十四學分，已花掉二千四百元，使手頭非常拮据，內子只好典當戒指換取現金。後來錄取又還要繳交學雜費二千三百元，內子先將所剩七百元家用費全部拿出，並向小姨子借了一千元，不足的六百元則向手套加工廠預借工資，在最後期限繳納後完成入學手續，開始另一階段半工半讀的里程。

Q：那半工半讀您是如何扛得過來的？

A：由於實在太忙碌，曾經差點因為成績不足而被退學呢！在商學系三個學期有六科十四學分不及格，其中有二學期連續有不及格學分超過1/3，被教務處通知「試讀」須減修學分，如仍不及格就勒令退學，於是只選修我有日文底子的第二外語日文三學分試讀，學期考試考九十七分而通過試讀，而化險為夷。

同時在該學期提出轉系到法律系，使以前在夜補班所選修二十四個學分的法政科目，才可全部抵免選

修。法律系夜間部修業年限為五年，比日間部多一年，於是第三學年起逐年增加選修學分，到期末考試就向工作機關，請特別休假四個禮拜，在家加強複習功課，演練各種法律實例，充分準備期末考試，讓我順利修滿一四九學分，在民國六十二年六月順利畢業取得法學士學位

祕密 遇到危機時選擇有把握的部分作為籌碼，想清楚要過什麼樣子的人生、確定方向。由於課業與工作的兩難抉擇下，向工作機關請特別休假四個禮拜，學期考試前在家做功課，以彌補平常預、複習的不足，使學業才得以步入正規，順利畢業。

10. 生於憂患

Q：大部分的人處於習慣的環境中，似乎都會忘記原來

　　的目標……

A： 所以才要時時警惕自己啊，我任職區公所里幹事五年餘時，因為工作侷限於里的行政事務，較為單純無施展抱負空間，為向上發展增加行政歷練，聞訊陽明山管理局財政科有缺待補，於是請託區公所財政課員許根勇同事幫忙推薦給財政科長附上履歷表。

Q： 後來呢？

A： 上級長官表示，我業餘還在台大夜間部上課，又具備高商學歷，尚適合財政工作，便轉告等候簽准局長後調派。對於新工作，由於採取較為嚴謹控管財產異動及預算執行審查，批駁部分機關學校列報不符或報廢部分，均予列表更正，使財產管理及預算之執行逐漸步入正規。在財政科工作一年六個月，頗獲連科長賞識。

祕密 　　樂於挑戰新事物，不要讓自己在習慣中變得怠惰、麻木。因為感覺對工作已經完全上手，也無法再

有突破，所以看到有升遷的機會，就馬上向長官自我推薦。並且因對於所選職務有熱情，也具備專業條件，而能全心投入。

11. 必要時另謀可行途徑

Q：在職場中有很多因素，會讓人白忙一場，遇到這樣的事您會怎麼面對呢？

A：還是會竭盡我所能吧。之前在士林區公所想要調職，依據《公務人員任用法》第二十二條：「各機關不得任用他機關現職人員，如有特殊需要時得指名商調」之規定，於是請老同事張萬福同事就催促人事單位去函商調，經濟部乃函請陽明山管理局轉請隸屬之士林區公所同意後函覆。

由於我剛從陽明山管理局調到士林區公所才八個月，又要調走，恐會造成人事作業的困擾，所以我

就先向我的長官人事室主任商洽惠予同意商調，但長官卻說：「目前基層人員缺乏，恐難同意商調」，如果這樣，老同事張萬福的奔走商調文，就形同具文。

Q：所以您就這樣算了嗎？

A：哈哈，當然不能就這樣揭過去。我利用星期三，也就是局長與各單位首長接見民眾的機會，當面呈請我的長官林區長會簽同意，他還向我道賀更上一層樓，之後終於順利函覆經濟部、轉派任為辦事員。

祕密 丟臉不是什麼大不了的事，臉皮厚一點才有機會爭取更多資源。雖然給別人添麻煩心裡容易過意去，可是自己的人生總不能因旁人而有所委屈，所以還是隨時把心臟練強一點吧！為了不要失去良機，總需要試著另闢一條可行途徑解決。

12. 我是毛遂

Q：您曾經因為自薦而升任，是發生了什麼事？

A：當時民國六十年八月二十三日調任經濟部訴願會擔任四等辦事員快滿三年，欲升任薦任職八等科員，須具備高考及格才能升任，因未具高考及格而遇到瓶頸，乃鼓起勇氣，以毛遂自薦，呈請長官允准調升物價督導會報薦派組員，經長官批示同意，並於六十三年八月七日接到薦派組員派令，由委任職調升為薦派職，薪水也跟著水漲船高，欣喜若狂，另方面所負的職責也加重。

Q：在向長官自我推薦之前，您覺得至少因該考慮哪些事情？

A：首先要確認環境，是否真的有職缺或是有需要人手。再來要檢視自身的條件，有沒有具備可以和長官談一談的籌碼，我當時評估自身年齡已達四十歲，大學畢業，與原任職務不相稱，且任期已有三

年。另外向長官自薦，措詞的拿捏不容易，萬一冒
犯長官就不能如願，所以要先清楚如何說話。

祕密　只有自己最了解自己，所以能當自己最好的
推銷員。在和長官商談時要清楚自己擁有的條件，並保
持謙遜、尊重長官。正因為我具備的能力，足以提供長
官幫助，加上平時工作態度誠懇，才能升遷發達。

13. 非關濫好人的問題

**Q：看了您的故事，深感「吃虧就是占便宜」這事可不
是胡謅人的呢！**

A：其實大部分時候，並不會注意我是不是吃虧了，只
　　是覺得有能力就可以幫助別人，哪知道好事也就隨
　　著發生了。曾經在經濟部開會時，幫同事作會議記
　　錄，意外地得到長官的讚賞。

Q：所以看到他人有難，就要馬上衝上去囉？

A：還是要評估自己的能力啦。那時因為世界糧食恐慌，經濟部對價格飆漲的實施平價措施，後來又因價格回跌，再將基準價調高，這樣來來回回就會牽扯到部分業者的利益。對此基金會特別進行對策會議，一位女性同事兼任幹事負責撰寫紀錄半途停筆，對後半段會議中提到有關法律訴訟的部分難予措詞，就請我在原紀錄銜接後半段之結論後就呈報。

未料紀錄有二種筆跡，長官核閱時有些詫異，請原記錄的女同事說明其原委後，才知由具法律專長的我代勞。她未經整理即呈報也覺得不妥而自責不已，希望長官准予免兼幹事一職，長官便指派我接替這項工作。

祕密 斤斤計較只會讓人生太累，不如多想想幫助別人可以獲得的快樂。另外工作難免會遇到不知如何處理的情形，先不要急躁，冷靜的把問題重點記錄下來，

然後搜尋相關知識，或請教有經驗的前輩，再自己仔細
處理。如此一來既可以增加閱歷，也會更有勇氣面對往
後的挑戰。

14. 接到燙手山芋

Q：如果接到一個爛攤子般的任務，您會怎麼面對？

A：嗯，把它當作是挑戰，盡力而為就好。在處理黃豆
價格變動所衍生的後續問題就是如此。

Q：喔～怎麼說？

A：因為價格變動使業者須要繳回部分差價，當然就心
生不服向經濟部提起訴願啦！長官指派我處理此
事，於是調卷蒐集資料後擬妥答辯書呈覆，經過兩
次經濟部審議後駁回訴願。業者不服又向行政院提
起再訴願後駁回確定。但仍有部分業者觀望拖延或
抗繳，於是又開始準備向地方法院提起民事訴訟，

後來追回欠繳差價達八成。並獲選經濟部所屬機構優秀員工、接受部長表揚，翌年獲得調升為科長。

Q：果然不入虎穴，焉得虎子，勇於冒險與挑戰，嚐到的果實才會特別甘甜。

祕密 怕麻煩，總是不能成大事。因為大事是一堆麻煩創造出來的。由於黃豆基金會之追收差價而興訟的民事案件，經過五年才三審定讞勝訴，程序雖然繁瑣費時，但是經歷一次不可多得的實例，除了增加民事訴訟閱歷以外，責任感也更加重大，同時也獲得長官的賞識。

附錄一：脫離貧窮最好的方法——讀書與學藝

一、讀書：

1. 接受國民義務教育： 由小學—國中（57年實施九年國民義務教育）—高中(103年起實施十二年國民義務教育）教育普及全民知識水準普遍提高

2. 職業教育： 傳授農、工、商、家事、戲劇、護理、特教等各科職業的基本知識與技能並附設建教合作養成班。（養成期間學雜費完全免費，每月並有零用金、畢業分發就業，如大同高級商業職業學校、黎明科技學院分發大同公司及台塑公司就業，家庭貧困者可選擇建教班減輕家庭負擔，分發就業增加收入）

3. 專科教育： 戲劇、護理、警察、國防等

4. 大學教育：

(1)綜合大學：包括文、理、農、電機資訊、法、工商管理、醫、社會科學、公共衛生、空中

(2)專業大學：包括藝術、海洋、科技、新聞傳播、教育、警察、交通、宗教、醫學、師範、體育、外語

(3)獨立學院：包括外語、體育、教育、神學、玄奘、護理、國防管理、戲劇、餐飲、技術、醫事技術、中醫醫藥

(4)研究所：碩士研究所、博士研究所、博士後研究所

二、學藝：短期補習或長期學徒或徒弟

1. **專門技術方面**：修車技術、駕駛技術、測量技術、機械維修技術、土木建築技術、服裝裁剪設計、美術陶藝、科技開發、美工設計、人體塑像、空間設計

2. **專長培訓方面**：專門的技藝、技能、才藝。如繪畫、書法、中國結、縫紉、舞蹈、音樂演講、歌唱、美容、美髮、珠心算、押花、家政技藝、人造花、文物複製、法商技藝、家政技藝、國貿技藝、商業、文理、美語、速讀、大自然工藝、工商會計、美術、電腦、音樂、體育、英語電腦、棋藝、美術、心算、彩繪遊戲、美術造形、珠寶陶藝、卡通、書法、金飾鑄造、歌唱訓練、整體造形、金融研訓、意識開發、航空餐旅、快樂顧問、全腦學習、潛能開發、開鎖、裝門鎖、配車鎖、開金庫、刻印、橡皮圖章、鐘錶修理、眼鏡驗光、漫畫

3. **藝品造作方面**：象牙彫刻、景觀彫塑、人體塑像、銅像製作、藝術石雕、金屬雕塑、木匾定做、特殊貼金工法、手工藝品、裝飾品、春聯、燈籠、吉祥飾品、香包、日本人型黏土、紙黏土、若林麵包花、樹脂土

4. **習武（國術、功夫）**：九九神功、少林功夫、跆拳

道、香功、氣功、太極拳、外丹功、國術、合氣道、空手道、划船、技擊、柔道、溜冰、滑水、滑雪、潛水、騎馬、擊劍、舉重、射擊、攀岩、花式溜冰、撞球

【註】上列項目中尚有一部分延續古代舊制的學徒制，即拜師學藝的傳統方式，從幼小或小學輟學，因家庭經濟或特殊生理等因素，就離鄉背井到異鄉去做學徒（台語：叫獅仔工、學武叫徒弟）由父母帶往師父（台語：獅父）住處央請收留為學徒或徒弟，養育方面就交給師父全權打理。通常學藝時間為三年四個月，就可出師（由師父認定）類似介於現在的建教合作的高級職業學校三年及科技學院四年之間，只是學藝沒有學籍，但有一技之長的專精本領，出師後即可自己開業當老闆；或就業當師傅薪水不薄，也可養家餬口。

附錄二：筆者人生事件紀要

	西元	民國	
	1911年	宣統年	武昌起義
	1912年	民1年	建立民國
第一次世界大戰	1914年	3年	
巴黎和約成立	1918年	7年	
成立國際聯盟	1919年	8年	
經濟大蕭條	1930年	19年	
	1931年	20年	日本挑起九一八瀋陽事變
	1932年	21年	日本挑起一二八上海事變
	1933年	22年	筆者出生
	1937年	26年	第二次世界大戰（亞洲戰爭起、七七北平盧溝橋事變、全國抗戰）
	1938年	27年	第二次世界大戰（歐洲戰爭起）
德攻波蘭	1939年	28年	太平洋戰爭（珍珠港事變、德蘇大戰、我國對日德義宣戰）
	1945年	34年	台灣光復（1895年中日甲午戰爭戰敗割讓台灣予日本，至此結束50年日本統治）
		35年	筆者就讀台北工職
	1947年	36年	二二八事變
	1949年	38年	筆者初工畢業 三七五減租。6/15幣制改革「舊台幣四萬元折合新台幣一元」

韓戰	1950年	39年	
美援開始	1951年	40年	公地放領
		42年	耕者有其田。第一期四年經建計劃開始
	1954年	43年	君子不遠庖廚：我入伍關東橋基地、並獲選伙食示範連
			就是要別出心裁：在軍中創設以手動研磨豆漿增加早餐營養
			斬草又除根，春風也沒輒：成功戒菸儉約，並每月三元六角
	1955年	44年	就讀開南商工補校高商科
			黑板小天使：義務擦拭黑板當選班長又獲得模範生獎狀
	1956年	45年	報告班長：再度入伍服兵役參加文藝函授國文班、獲得微調連部辦理政工業務，獲獎連連。
	1958年	47年	外匯貿易改革
	1959年	48年	謝謝你讓我失業：報名參加酒廠招考人事業務助手一名被錄取
	1960年	49年	頒布獎勵投資條例
	1961年	50年	中央銀行在台復業。單一匯率（40新台幣兌一美元）

1962年	51年	有機會而不要的人是傻瓜：報名參加公賣局市場分析小組受訓後，得升遷以業務員雇用。
1963年	52年	國際糖價劇漲，開始出超
1964年	53年	錄取率1.5%：通過台灣省基層村里自治普通行政人員丙等特考
美援停止 1965年	54年	
1967年	56年	硬要念書：錄取台大夜間部商學系，後來轉攻讀法律系
1968年	57年	九年國民義務教育實施
1969年	58年	生於憂患：從北投里幹事行政事務轉調擔任財政科辦事員
美元貶值 1971年	60年	必要時另謀可行途徑：任經濟部訴願會擔任辦事員
能源危機美元貶值 1973年	62年	調整匯率（38元新台幣兌1美元），十大建設啟動
1974年	63年	實施「穩定當前經濟措施方案」
		我是毛遂：調升物價會報薦派組員
1975年	64年	修訂新銀行法
		非關濫好人的問題：兼任黃豆基金會幹事
普遍化優惠關稅 1976年	65年	

	1978年	67年	接到燙手山芋：負責進口黃豆欠繳差價民事訴訟、由專員調升科長
	1979年	68年	十二項建設啟動
	1989年	78年	筆者公職退休
	1990年	79年	筆者公職退休二度就業
	1996年	85年	直接總統民選
全球金融海嘯	2008年	97年	推動愛台十二項建設、直航大陸
	2009年	98年	刺激景氣發給國民每人3600元消費券
美元貶值	2010年	99年	9/13兩岸簽訂ECFA經濟合作架構協議；兩岸直航；11/27院轄市長、議長、里長選舉
歐債風暴	2011年	100年	ECFA兩岸簽訂經濟合作架構協議元旦起生效
	2012年	101年	1/14總統、立法委員選舉
日元貶值	2013年	102年	四月簽署台日釣島漁業協定、七月簽署台紐經濟合作協定 筆者出版《誰說現在學日文太晚》、《因為堅持讓夢想變簡單》二書

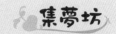

因為堅持讓夢想變簡單

出版者●集夢坊
作者●林有財
印行者●華文聯合出版平台
出版總監●Elsa
副總編輯●Sharon
責任編輯●Christy
美術設計●Olina
排版●Jessica

國家圖書館出版品預行編目資料

因為堅持讓夢想變簡單／林有財 著
-- 新北市：集夢坊，民103.10
　　面；　　公分
ISBN 978-986-89073-8-6（平裝）

177.2　　　　　　　　102018022

台灣出版中心●新北市中和區中山路2段366巷10號10樓
電話●(02)2248-7896　　　　傳真●(02)2248-7758
ISBN●978-986-89073-8-6
出版日期●2013年10月初版

郵撥帳號●50017206采舍國際有限公司（郵撥購買，請另付一成郵資）
全球華文國際市場總代理●采舍國際 www.silkbook.com
地址●新北市中和區中山路2段366巷10號3樓
電話●(02)8245-8786　　　　傳真●(02)8245-8718

全系列書系永久陳列展示中心
新絲路書店●新北市中和區中山路2段366巷10號10樓　　　電話●(02)8245-9896
新絲路網路書店●www.silkbook.com
華文網網路書店●www.book4u.com.tw

跨視界‧雲閱讀 新絲路電子書城 全文免費下載 新‧絲‧路‧網‧路‧書‧店 silkbook○com

本書係透過全球華文聯合出版平台（www.book4u.com.tw）印行，並委由采舍國際有限公司（www.silkbook.com）總經銷。採減碳印製流程並使用優質中性紙（Acid & Alkali Free）與環保油墨印刷，通過碳足跡認證。